선생님, 당신은 어디 계십니까?

선생님, 당신은 어디 계십니까?

초판 1쇄 발행일 2021년 10월 30일

글	김창수
펴낸이	김완중
펴낸곳	내일을여는책
편집총괄	김세라
디자인	디자인스튜디오 앤썸(wink3434@gmail.com)
관리	장수댁
인쇄	아주프린텍
제책	바다제책

출판등록	1993년 1월 6일(등록번호 제475-9301)
주소	전라북도 장수군 장수읍 송학로 93-9(19호)
전화	063) 353-2289
팩스	063) 353-2290
전자우편	wan-doll@hanmail.net
블로그	blog.naver.com/dddoll
ISBN	978-89-7746-968-6(03370)

어느 대안교육 운동가의 자전적 교육에세이

선생이란 무엇인가 **1**

선생님, 당신은 어디 계십니까?

글 김창수

내일을여는책

차 례

교사와 교육에 대한 성찰적 물음

송순재

(전) 감신대 교수 (전) 서울시교육연수원장

김창수 선생이 '선생'을 화두로 삼아 책을 펴냈다. 평생 몸담았던 실천 경험을 곱씹으며 쓴 책이다. 그러기에 단순한 이론서와는 다르다. 야학과 교회학교에서 그리고 고등공민학교를 거쳐 인문계 고등학교로, 힘겨웠지만 뜻깊었던 그 시절을 뒤로하고 홀연히 대안교육 현장으로 넘어갔다. 바로 거기서 그의 본격적 투쟁의 장이 펼쳐졌다. 그리고 녹색대학은 그러한 추구가 절정에 이르렀을 때 나타난 불가피한 표현이었다. 하지만 그게 끝은 아니었다. 그는 그 치열했던 길목에서 다시금 '지혜'를 위한 폭넓은 배움터를 요청하였다. 그 길은 결코 순탄치 않았다. 때로 죽음의 문전에 다가가 헤매었어도 결코 포기하지 않았던 길이다. 이제는 안주할 때도 되었건만, 그는 결코 잊을 수 없었고 사랑해 마지않았던 녹색대학으로 돌아가 다시금 땅을 파고 있는 중이다. 이 와중에 한평생 명운을 걸었던 일들을 돌아보며 성찰과 전망을 통해 쓴 책이니 흔히 대하고 접하기 어려운 책이다. 교사이지만 역사가로서 하지만 그 무엇보다도 철학적 혼을 통해 살아왔던 삶의 결정체라 할 만하다.

　"교사란 무엇인가?"라는 물음이 이 책의 핵심이다. 그런 만큼 그 뜻을 아는 것이 읽는 이들의 우선 과제임은 분명하나, 그와의 인연과 만남을 소중하게 생각하는 제자들의 교사에 대한 여러 상과 생각들도 함께 소개되어 있어 그 뜻들을 각별히 새겨야 할 듯하다. 이 책은 일단은 교사론이기는 하지만, 그 주제에 초점을 맞추면서도 여기에 우리 학교교육을 둘러싼 쟁점들을 촘촘히 엮어 놓았다. 따라서 문제 중심적 관점에서 파악한 한 편의 학교교육론이라고도 할 수 있다. 또 이 책은 그가 한창 푸르렀던 시절부터 이제까지 거쳐 왔던 일터들을 하나하나 짚어가면서 우리 현대 교육사에서 중요한 논쟁적 국면과 주제들을 다루고 있고, 또 여기에 그의 사상적 변천 과정이 여실히 드러나 있으니, 한편의 이색적 역사서이기도 할 것이다. 결국, 초점은 대안교육과 대안학교에 모아진다: "우리가 대안을 말하지 않으면 안 되는 이유는 무엇인가?" 그리고 "우리 교육은 과연 어때야 하는가?" 하는 물음이다. 부록 1과 2는 대안교육에 관한 문제 제기와 해명 그리고 그가 설립했던 대안학교 창립선언문들을 모아놓은 글이다. 교육에 관한 그의 관점, 꿈과 이상이 여러 현장을 바탕으로 일목요연하게 드러나 있다.

이렇게 볼 때, 이 책은 분명 교사론이기는 하지만 읽기에 따라 한 편의 독특한 자서전이라 할 수도 있다. 실상 이 책은 소싯적부터 커가면서 경험한 학교와 선생님들에 대한 자기 이야기로부터 시작하고 있지 않은가! 그의 학교론은 그러한 뼈저린 회고를 바탕으로 한 것이다.

이런 경로로 나는 인간 김창수를 다시 한번 절절하게 만나게 되었다. 이도 저도 아니고 결국 "나는 교사로서 과연 진실하였고 진실할 수 있는가"라고 소박하게 묻고 있는 한 사람의 열정적이고도 눈물겨운 삶의 세계로 초대하고 싶다.

'선생이란 무엇인가?'라는 질문에 대하여

선생이란 무엇인가? 그리고 '선생이란 무엇인가?'라는 질문은 왜 필요한가? 그러한 질문을 하지 않고서도 우리는 어려서부터 성인이 될 때까지 수많은 선생을 만나고, 알고, 보며 지내왔는데 새삼 선생이 무엇인지를 묻는 이유는 무엇일까? 그것은 우리 마음속에 바람직하다고 여기는 선생의 어떤 상[1]이 있고, 그러한 선생을 찾아 만나고 싶다는 생각과 자신이 그러한 선생이 되고 싶은 욕구가 있기 때문 아닐까?

훌륭하다고 생각되는 선생을 만나는 일과 바람직한 선생이란 무엇인가를 설명해내는 것, 그리고 제대로 된 선생이 되는 것은 연계성이 있기도 하지만 별도의 일이기도 하다. 선생을 찾아다니는 일은 누구나 할 수 있다. 그리고 운이 좋으면 자신에게 맞는 좋은 선생을 만날 수도 있다. 그러나 선생이 무엇인지를 자기 생각으로 정리하고 말과 글로 표현해내는 것은 만만한 일이 아니다. 더군다나 '참 선생'이 되어 실천적으로 사는 것은 참으로 어렵다. 그럼에도 불구

---

[1] 무유정법(無有定法, 『금강경』)이라. 정하여진 법이 있지 않다. 궁극적으로 최상이라고 생각되는 선생의 상(相)도 자신이 지어낸 상(相)임을 알아야 할 것이다.

하고 제대로 된 선생이 무엇인지를 물으며 살아야만 하는 것, 그것은 선생에게 주어진 고통스러우면서도 행복한 형벌이다.

나도 어려서부터 선생 같은 선생을 만나고 싶었고, 청소년기를 거쳐 장년이 되기까지 선생을 찾아다니다가 마침내 1999년 3월 나이 마흔세 살에 600년이 넘은 느티나무 한 그루를 보고서, 선생을 찾아다니는 일로부터는 해방되었다.[2] 그러나 선생이 무엇인지를 본격적으로 묻고 답하기 시작한 것은 그해 가을부터였다. 한겨레신문 문화센터에 개설된 '대안교육 전문 강좌' 중 '바람직한 대안학교 교사상'이라는 강의가 내 몫으로 배정되어, 선생이 무엇인지에 대한 고민을 본격적으로 시작할 수밖에 없었기 때문이다.

•

당시 나는 1977년(21세)부터 1999년(43세)까지 20여 년 넘게 야학이나 교회학교, 고등공민학교, 고등학교에서 교사로 활동하고 있었다. 거기에 더하여 생태적 가치를 지향하는 무주 푸른꿈고등학교를 설립하고 또 다른 대안학교인 담양 한빛고등학교에서 교장으로 재직하기까지 수많은 학생과 만나면서 선생 역할을 해왔는데도, 정작 선생이 무엇인지에 대한 의식적인 물음을 던지지 않고 있는 자신을 확인하고서는 당혹감에 빠질 수밖에 없었다.

물론 내가 선생으로 살아온 과정 동안 선생이 무엇인지를 자각적

---

2) 180p 참조.

으로 묻지 않았다고 해서 선생이 무엇인지를 전혀 몰랐다고는 말할 수 없다. 학생으로 살아오면서 그리고 선생으로 살아오면서 선생에 대한 선이해가 작동하고 있었지만, 선생으로서의 일상적 경험에 갇혀 살았기 때문에 선생에 대한 의식적·자각적인 질문과 대답을 하고 싶지 않았을 뿐이다. 분명히 나는 선생이었고, 선생으로서의 역할 수행에 많은 관심과 노력을 기울이며 살아왔다.

●

'선생이란 무엇인가?'에 대한 질문은 양방향의 질문이다. 먼저 그것은 각자의 삶에 설렘을 줄, 뭔가 희망적인 메시지를 전하고 보여줄 사람을 찾아 만나고 싶은 데서 나오는 질문이다. 나다니엘 호손이 쓴 『큰 바위 얼굴』의 주인공 어니스트같이 자신이 만나고 싶고, 그래서 뭔가 삶의 지침을 전해 받고 싶은 그런 존재는 누구이고, 그런 존재의 삶은 어떤 것인가를 묻는, 선생의 정체성을 밖에서 찾고자 하는 외향적 질문이다.

'선생이란 무엇인가?'에 대한 또 다른 질문은 '선생으로 산다는 것이 무엇이고, 그렇게 살고 있는가?'에 대한 내향적·반성적·성찰적 질문이다. 이것은 선생으로서의 자기 정체성에 대한 본격적인 질문이다. 내향적 질문 속에는 인간으로서의, 사회적 존재로서의, 생명체로서의 자기 정체성 확립과 거기에 따른 실천의 의지가 담겨 있다. 나아가 궁극적 자기 존재 의미 물음을 담고 있다.

·

  선생과 제자 사이의 존경과 존중의 관계를 거칠게 나누어 보면 4가지 형태가 있다. 선생과 제자가 서로 존경하고 존중하는 경우가 있고, 제자는 선생을 존경하는데 선생은 제자를 존중하지 않는 경우도 있다. 또한, 제자는 선생을 존경하지 않는데 선생은 제자를 좋아하는 경우가 있고, 선생과 제자가 서로 싫어하는 관계도 있다.

  또한, 왜 존경하고 존중받는 관계인지를 조금만 들여다보면 그 유형이 더욱 세분된다는 것을 금방 알게 된다. 존경하고 존중받는 선생과 제자의 관계는 아름다워 보인다. 그런데 대부분의 경우에 있어서 선생과 제자들이 서로를 좋아하고 싫어하는 데는 이기적 동기가 작동하고 있음을 보게 된다. '그가 나를 인정해주니까 나도 그를 존중해준다'라거나 '그가 나를 인정해주지 않으니까 나도 그를 싫어한다'라는 식에서 크게 벗어나는 경우는 많지 않다. '상대가 나를 인정해주기 때문에 나도 그를 좋아하는' 자기중심적 단계를 벗어나서 상식에 따라, 옳고 그름의 기준에 따라, 이념에 따라, 자아로부터 해방된 상태에 따라 선생과 제자의 관계를 유형화하면 수많은 경우의 수가 발생할 것이다.

·

  선생!

  예로부터 인류가 추앙하는 성현들은 거의 모두 선생으로 살았다.

석가, 노자와 장자, 공자와 맹자, 소크라테스와 플라톤, 예수 등은 자신의 근본 무지를 극복한 후 남은 생을 선생으로 살았다. 또한, 역사상 존경받는 많은 사람도 제자를 기르는 것을 낙으로 삼았다. 공자 말처럼, 스스로 공부하고 벗들과 함께 지혜를 구하고 제자들을 가르치는 기쁨보나 더한 즐거움이 세상에 또 있겠는가?

그러나 칸트 이후, 전문지식을 가진 사람을 선생 혹은 교사로 인정하는 문화가 세계적으로 정착되기 시작하였다. 거기에는 분명히 특장점이 있다. 그런데 근대 사회는 지식인을 오성적 지식 즉 순수이성과 도구적 이성을 가진 사람으로 국한했다. 그래서 근대 이후에 공교육에서 교사 혹은 선생은 전문인과 동일한 의미를 갖게 되었다. 여기에 대해서 나는 선생을 전문인뿐만이 아니라 지혜로운 사람과 윤리와 도덕의 측면에서도 성숙한 사람으로 확장해 볼 것이다.

●

'선생이란 무엇인가?'라는 질문을 나 자신에게 던지면서 먼저 떠오른 것은 선생을 찾아왔던, 피교육자로서의 내 삶의 궤적이었다. 그리고 선생으로 살면서 선생을 찾아온 세월이었다.[3] 이어서 선생으로서의 교육적 행위에 대한 회한과 반성 그리고 선생이 해서는 안 되는 것들에 대한 생각이 뒤따랐다. 그리고 선생은 이런 게 아닐까 하는 생각이 들었다. 아울러 선생의 지도력과 무엇을 가르칠 것

---

3) 여기까지의 내용은 본서에 수록되어 있다.

인가, 도움을 필요로 하는 아이들과 만나면서 선생이 유념해야 할 원칙들, 산업 문명을 넘어선 시대의 교육이란 무엇인가에 대한 나름의 잠정적 결론이 뒤따랐다.[4]

●

이 책에서 나는 선생으로 살아온 내 경험과 선생으로 살고자 하는 나의 지향이 한 흐름 선상에 있음을 말하고자 할 것이다. 또한, 남은 인생을 선생으로 살아내기 위한 성찰과 다짐을 담아내고자 할 것이다. 따지고 보면 내가 물었던 선생의 정체성은 한국 현대사와 평행하거나 혹은 약간씩 미래적 가치와 전망을 따라가고 있다. 1977년 보육원 아이들을 대상으로 야학 활동을 하던 시절에는 기독교 신앙에 입각한 인도주의적 교육에 관심을 가졌고, 1983년부터 1986년까지 3년간은 고등공민학교 교사로서 니힐의 '섬머 힐' 교육사상에 심취해 자유교육에 몰입하였으며, 그 이후 서울 중앙고등학교 교사 시절에는 파울로 프레이리 등과 마르크시즘에 입각한 해방교육에 관심을 가졌다. 또한, 1990년대부터 2000년대 전반기까지는 대안교육과 생태교육에 관심을 집중하였고, 2007년을 기점으로 그 이후로는 지혜교육을 묻고 살아왔다. 지금은 뇌과학에 기반한 치유교육과 영성교육에 관심이 가 있는 상태인데, 그것들은 선생으로서의 내 정체성 그리고 시대적 과제와 요구에 크게 어긋나지 않는다고 생각한다.

---

4) 이에 관한 내용은 『선생님, 당신은 누구십니까?』(근간)에 수록할 예정이다.

선생이 꼭 제자들보다 뛰어날 필요는 없다. 선생의 기쁨은 제자들이 선생을 극복하고 더 앞선 세계로 나아가는 것을 보는 데 있다. 성서에 의하면 세례자 요한은 예수의 길잡이가 된 것만으로도 감격스러워한다. 전문적 영역에서도 마찬가지다. 돌이켜보면 세상에는 선생이 많았다. 아니, 모든 것이 선생일 수 있었다. 다만 그것을 알아보는 눈이 부족했을 뿐이다. 자신만 눈을 뜨면 모든 것이 선생인 것을!

이 자리를 빌려 나의 선생이 되어주신 많은 분들께 감사의 마음을 전한다. 푸른꿈고등학교 설립부터 녹색대학교와 지혜학교에 이르기까지 사상적으로는 한신대 이준모 교수님(전), 감신대 송순재 교수님(전) 그리고 성균관대 한면희 교수님(겸임교수)께 빚을 졌고 대안학교 설립 과정에서는 이종태 박사님께 큰 빚을 졌다. 또한, 기꺼이 회고담을 써준 제자와 동료(김영남, 정채선, 이무흔, 황정현, 정미은, 김다우)님들과 원고를 꼼꼼히 읽고 수정해 준 안병이 선생 그리고 꼴레지움의 P.B.Dpraxsis base doctor 연구원(정호진, 임진철, 김한중, 이영준, 정은, 강현실) 동지들에게도 감사를 표한다. 끝으로 이 책을 기꺼이 출판해주신 '내일을여는책' 김완중 대표님께도 감사의 마음을 표한다.

2021년 8월 함양 온배움터에서 제로祭爐 김창수

1부

선생님,
당신은 어디 계십니까?

1장

나, 학교 안 다녀!

어머니 손 잡고 초등학교에 입학하러 가던 날, 나는 다른 친구들과는 달리 즐겁지 않았다. 어머니 나이 마흔셋, 아버지 나이 쉰여섯에 노산으로 태어난 나는 다섯 살에야 겨우 걷기 시작하였고 일곱 살에야 젖을 뗀 병약한 늦둥이였다. 허약하여 활동력이 떨어졌던 나는 말하는 것이나 앉아서 하는 것들을 좋아했다. 꼬맹이 때 내 별명이 '영감님'이었는데, 그것은 어머니가 부엌에서 밥을 하시면 부엌문을 열어놓고 별의별 참견을 다 하다 얻은 별명이었다. 초등학교에 입학하기 전 오목과 장기, 화투 놀이나 윷놀이 등 정적인 놀이를 할 줄 알았던 것도 밖에 나가 신나게 놀 만한 체력이 되지 않아, 앉아서 하는 놀이에 몰입한 결과였을 것이다.

　그런 상황에서 부모님은 막내를 아홉 살에나 초등학교에 보낼 생각을 하였고, 그때까지 나는 호적에도 오르지 못하고 있었다. 부모님들 생각에 명줄이 아슬아슬한 자식을 바로 호적에 올리면 행여 부정이라도 탈까 하여 무 호적 상태로 그냥 두셨는데, 당시에는 그런 일이 흔했다. 호적이 없으니 학교에서 취학통지서가 나오지도 않았고, 나도 학교에 갈 아무런 준비가 되어있지 않은 상황이었다.

　그런데 입학식 당일에 갑자기 부모님이, 당신들이 살면 얼마나 더 살지 모른다면서, 하루라도 빨리 막둥이를 졸업시켜 사람 노릇 하게 하자고 합의하고 면사무소에서 가假 호적을 만들었다. 그 호적으로 입학식에 참석하는 것으로 내 학교생활은 시작되어 버렸다. 부모님께서 막내를 학교에 보내야겠다고 생각한 다른 이유도 있었다. 어쩐 일인지, 그렇게 병약하던 내가 일곱 살 때 홍역을 치르고 여덟 살이 되면서는 학교까지 걸어 다닐 수 있을 정도로 체력이 좋아진 것이다.

당연히, 새로 시작되는 학교생활에 대한 관심도, 기대도, 준비도 전혀 없었다. 부모님에게도 갑작스러운 일이었지만, 내게는 갑작스러움을 넘어 너무나 황당하고 막막한 일이었다. 학교, 그것이 무엇을 하는 곳인지도 몰랐고 선생이라는 존재가 있다는 것은 더더욱 몰랐다.[5] 아무튼 학교, 그것은 내게 미지의 세계였다. 위로 형과 누나들이 있었지만, 그들은 나를 귀여워하기만 했을 뿐, 피차간에 학교와 관련된 것들을 알려주거나 물어본 경험이 없었다. 그저 학교가 있어 형, 누나들이 다니나 보다 생각하는 것 이상 내가 더 알고 있는 것이 없었다. 더군다나 집에서 학교까지 십 리를 걸어 다녀야 하는 것은 정말 재미없는 일이었다.

처음 만난 친구들과 쉽게 친해지지도 못했고, 동네에서 보던 친구들도 학교에서는 낯설게 느껴졌다. 선생님은 군밤 한번 때리지 않으셨던 우리 아버지처럼 자애롭지 않았고, 형과 누나들처럼 내게

---

[5] 1960년대 당시에는 우리나라 시골에 유치원 같은 것이 없었다. 그래서 교육장에는 반드시 선생이 있다는 사실을 아이들은 학교에 가서야 알게 되는 경우가 많았다.

필요한 것들을 만들어주거나 가져다주지 않았다. 선생님은 오히려 숙제를 안 해왔다고 손바닥을 때리고 준비물을 가져오지 않았다고 큰소리를 치는, 내게는 참 무서운 존재였다. 사실 나는 숙제가 무엇인지, 준비물이 무엇인지도 모르고 있었고 알려고도 하지 않았다. 아니, 알아야 하는 줄도 몰랐다는 표현이 더 맞을 것이다.

 실제로 자주 아프기도 했지만, 아프다고 거짓말을 하고선 결석을 밥 먹듯이 하였다. 처음에는 머리가 아프다고 하면 그냥 학교에 가지 않아도 되었다. 그러던 것이, 자주 머리가 아프다고 하였더니 어머니가 손으로 머리를 짚어보시고는 열도 나지 않으니 학교에 가라고 하셨다. 그래서 그다음부터는 주로 배가 아프다고 거짓말을 하였다. 그러다 보니 학교가 더욱 멀어지고 재미없었다. 동네 친구들이 학교에 가서 혼자 남아 놀면서도 학교에 가는 것보다는 심심한 것이 훨씬 행복하였다. 선생님이 무섭고, 학교가 낯설고, 동네 친구들마저 동네에서 같이 놀 때와 학교에서 생활할 때가 달라 도무지 익숙한 것이라고는 하나 없는 학교생활은 괴롭기만 할 뿐이었다.

1. 학교를 거부한 이유[6]

내가 학교 다니는 것을 거부한 것은, 내 머리로는 도저히 이해할 수 없는 네 가지 일들이 학교에서 벌어지고 있었기 때문이다.

첫 번째는 시간 사용에 관한 문제였다.

운동장에서 재미있게 공을 차고 놀다가 종이 울리면 왜 계속 공을 차지 않고 친구들이 교실로 뛰어들어가는지 정말 이해되지 않았다. 동네에서는 재미있는 놀이라면 시간에 구애받지 않고 계속 놀던 친구들까지 왜 종소리만 들으면 차던 공을 그냥 두고 교실로 가는지 납득이 되지 않았다. 왜 운동장에 나만 홀로 남아서 공놀이를 하는지, 그리고 왜 그것 때문에 나중에 선생님으로부터 꾸중을 들어야 하는지 몰랐다. 학교가 정한 시간표에 나를 끼워 넣는 일이 쉽게 수용되지 않았다. 나중에 안 것이지만, 나는 어떤 일을 하거나 공부를 할 때면 기왕에 하던 것을 몇 시간이고 몇 날이고 몇 달이고 계속하는 성격적 특성을 가지고 있었다.

발도르프 교육에 에포크식 수업이라는 것이 있다. 아이들에게 꼭 필요한 교과나 아이들이 흥미를 느끼는 분야를 오전이나 오후에 집

---

[6] 당시 나는 학교가 무조건 싫었는데, 나중에 생각해보니 학교가 싫은 것에 네 가지 이유가 있었다.

중적으로 몇 시간씩 학습하게 하는 수업인데, 아이들의 흥미를 유발하고 수업의 효율성도 높이는 방식으로 알려져 있다. 그러나 당시에는 불행히도 슈타이너의 발도르프 교육을 우리 사회가 알지도 못했고, 알았다고 하더라도 공교육 체계의 경직성을 극복할 수 있는 상황이 전혀 아니었다. 에포크식 수업은 1995년 대안교육 운동이 시작되면서 우리에게 알려진 수업방식으로, 2000년대 들어서 대안교육의 성과를 공교육의 체제 안으로 도입한 혁신학교들이 에포크식 수업에 조금 관심을 갖는 것 같다.

두 번째는 학교가 중요하게 가르치고자 하는 것과 내가 중요하게 생각하는 것이 너무 다르다는 문제였다.

왜 그렇게 되었는지는 몰라도, 병약했던 나는 초등학교에 갈 무렵부터 마을에서 대장 노릇을 하고 있었다. 나는 동네에서 친구들을 몰고 다니며 당시 시골 아이들이 하는 놀이를 하면서 놀았다. 말놀이, 연날리기, 쥐불놀이, 자치기, 구슬치기, 딱지 따먹기, 땅따먹기, 칼싸움, 물고기 잡기, 수영, 새 잡아 놀기, 장기 두기 등 재미있는 일이 널려있었다. 그런데 학교에서는 내가 재미있어하고 잘하는 것들을 하나도 가르치지 않았다. 학교에만 가면 나는 아무것도 할 줄 모르는 무능력자일 뿐이었다. 동네 친구들은 마을의 놀거리와 학교에서 공부할 것들을 비교적 잘 구분하여 적응하였는데, 그것이 내게는 아주 어려웠다. 시간 사용도, 배워야 할 것도 마음대로 시행하는 학교에서는 도무지 내가 자리할 곳이 없었다.

교육과정을 편성할 때 사회적으로 합의된 필수 교과목 이외의 것들은 학생들의 의견을 듣기도 하고 그들에게 교과목 구성을 맡기는 것이 꼭 필요하다. 그리고 교학상장의 원칙하에 특정 분야에 재능을 가진 학생들에게 강의를 맡기는 것도 교육의 효과를 높이는 데 필요하다. 또한, 학사일정을 짜거나 실행할 때 아이들과 함께하는 것이 학습효과를 높일 수 있다. 지금의 대안학교에서는 이런 것이 일상화되어 있지만, 당시의 공교육체제 안에서는 거의 불가능했고 아직도 여전히 쉽지 않다.

세 번째는 학급 내의 권력 행사의 문제였다.

당시 내가 다니던 장성 월평초등학교는 분반을 하지 않고 1학년이 그대로 2학년으로 올라갔고 담임 선생님도 그대로였다. 담임 선생님은 편의상 학급 관리를 반장이나 부반장을 통해 처리하는 경우가 많았다. 장학사가 되기 위해 연구보고서를 쓰느라고 그랬는지, 우리 선생님은 교실을 자주 비웠고 수업시간에도 자습을 많이 시켰다. 담임 대신 반장 등은 담임이 맡긴 완장을 차고서 자기들의 생각과 기분에 따라 때로는 서슬 푸르게, 간혹 조금 관용적으로 학급을 쥐락펴락하였다. 그들은 자습 시간도 모자라 심하면 쉬는 시간까지 아이들을 감시의 눈초리로 쳐다보면서 권력의 맛을 음미하곤 하였다. 떠든다고 이름 적어 선생님에게 이르고, 심하면 반장이 친구들 손바닥을 때리기도 하고, 그러다 지치면 평소 반장 주위에서 웃음을 흘리며 잘 보이려고 애쓰는 친구를 불러 이름 적힌 친구 손바닥을 때리게 했다. 그렇게 학교는 어린아이들에게마저 권력의 사유화와 남용을 가르치는 곳이기도 하였다.

그렇다고 호기롭게 내가 완장 팀에게 공개적으로 저항을 한 것은 아니다. 선생님 상황에 따라, 완장 팀 기분 내키는 대로 우리가 맞추어가야 한다는 것이 정말로 싫었지만, 내 손은 작은 돌멩이 하나 움켜쥐기에도 벅찼다. 선생님이나 반장이나 부반장에게 나는 가급적 '없는 사람'이고자 하였다. 그러면 그들은 나를 건들지 않았고 선생님도 가급적 나를 문제 삼지 않으려 하였던 것 같다. 나는 선생님이나 반장, 부반장 등에게 엉기지 않으려 하였고 그들이 건들지 않으면 나는 그림자와 같은 존재였다.

마지막으로 네 번째는 일곱 살 때 동네에서 같이 놀던 친구 '용'이의 죽음과 관련된 일이다.[7]

동네에 홍역이 돌았고 아이들 대부분은 회복되었지만 하필이면 내 가장 친한 친구 용이는 떠나갔다. 용이는 소설의 설정처럼 홀어머니의 외아들이었다. 1960년대 한국의 농촌은 사람들이 몸이 아프거나 전염병에 걸려도 병원에 가야 한다는 생각조차 하지 못하던 상황이었다. 같이 홍역을 앓았지만 나는 회복이 되어 얼마 후에 어머니를 따라 마을 어귀에 있는 용이네 집에 갔다. 나를 본 용이 어머니가 나를 꼭 껴안고 흐느껴 우시는데 용이 어머니 품이 불덩이처럼 뜨거웠다. 나는 숨이 막혀 힘이 들었지만 어린 소견에도 '용이가

---

7) 김창수, 시집 『꽃은 어디에서나 피고』 서문, 문학들.

죽었구나, 용이가 죽었냐고 물어서도 안 되는 거구나'라는 것을 알았다. 집에 돌아와 앓아눕게 되었고 고열이 며칠간 계속되면서 극심한 악몽에 시달렸는데, 그 와중에 어떻게 하면 나와 우리 어머니가 죽지 않을 수 있는지 아무리 궁리해 봐도 답을 찾을 수가 없었다.

친구의 죽음이 내게 남긴 것은 죽음에 대한 공포와 친구를 상실한 슬픔 그리고 친구에 대한 그리움이었다. 이듬해에 초등학교에 진학했지만, 학교에서는 사람이 죽으면 어떻게 되는지, 죽음에 대한 공포를 어떻게 극복하는지, 슬픔은 어떻게 가라앉히는지, 그리움은 어찌 갈무리해야 하는지를 가르쳐주지 않았다. 어쩌면 당시에 내가 가장 알고 싶었고 그 대안을 찾고 싶었던 것은 바로 사람의 죽음 문제였던 것 같다. 그런데 학교에서는 그와 관련된 말이나 글 혹은 대화나 생각을 찾아보기 힘들었다.

2. 나, 학교 안 다녀!

이럭저럭 3학년이 되었다. 그러나 나는 더 이상 학교에 갈 수가 없었다. 학교가 무엇을 하는 곳인지도 잘 모르고 학교에서 무능력하고 학교가 가르치는 그 어떤 것에도 흥미가 없었던 내게, 동년배들의 아니꼬운 권력 놀음을 극복할 방법도 모르고 친구 죽음에 대한 해답도 모르는 내게, 궁합이 네 가지씩이나 맞지 않는 상황에서 학교는 절망의 수렁이었다. 어떻게 하면 학교에 가지 않아도 될까…. 어떻게 이 어려움을 이겨낼 수 있을까…. 거짓말로 아픈 것도 한두 번이지 정말로 곤혹스러웠다. 그런데 천만다행히도 3학년에 진급하고서 보름쯤 지나, 집에서는 학교로 출발하지만 학교에는 가지 않는 방법을 선배들을 통해 알아내고야 말았다.

내가 다닌 초등학교는 우리 마을에서 4km 거리로, 황룡강 둑을 따라가다 큰 다리 건너, 면 소재지에 있었다. 그리고 지름길이 하나 더 있었는데, 그것은 강둑 중간에 설치된 보를 가로질러 건너가는 것이었다. 그러나 그 길은 보 중간에 설치된 세 칸의 보막이를 뛰어 넘어야만 하는 게 장애물이었다. 꼬맹이들에게 그 길은 위험이 따르는 길이었기에, 적어도 4학년 이상은 되어야 지나갈 엄두를 낼 수 있었다.

가능하면 학교에 가지 않고, 가야 한다면 가급적 늦게 학교에 가서 최대한 빨리 학교를 빠져나오는 것만이 유일한 관심사였던 내게, 3학년이 되면서 보를 건너는 일은 혹시 학교에 가지 않아도 될 상황이 올지도 모른다는 불안한 설렘을 가져다주었다. 불안하다는 것은 보 중간에 있는 보막이를 뛰어넘다 물에 빠지면 아래로 떠내려가다 부상을 당할 염려가 있기 때문이었고, 설렘은 혹시 물길에 휩싸여도 부상을 당하지 않으면 옷을 말리느라고 학교에 가지 않아서 들통이 나더라도 변명거리를 마련할 수 있다는 생각 때문이었다.

그러던 3월 하순쯤의 어느 날, 용기를 내어 모험을 감행하였고 기대한 대로 물길에 휩싸였지만 부상은 당하지 않았고, 나는 마음 편히 학교에 가지 않고서 그날 황룡강과 친구가 되었다. 초등학교 3학년, 우리 나이로 열 살 아이가 집에서는 학교에 갔으나 본인은 강과 들판에서 그렇게 일 년을 행복하게 뛰놀았다. 형이나 누나와 나이 차이가 커 학교가 겹치지 않았고 학교에서도 무관심하여 학생이 학교에 오는지 가는지 별 관심이 없어 얼마나 다행이었는지!

학교에 가지 않아도 되다니, 그 무서운 선생님을 보지 않아도 되고, 아니꼽고 치사한 완장들을 보지 않아도 되다니, 재미없는 공부를 하지 않아도 되며, 내 마음대로 놀아도 되다니! 자고 싶으면 자고, 배고프면 물고기나 개구리 등을 잡아 구워 먹고, 들판에 널려있는 과일들이나 감자, 고구마, 땅콩 등으로 내 조그만 배를 채우는 데 자연은 차고도 넘쳤다. 혼자 놀다, 학교에 간 친구들이 돌아오면 강에서 같이 놀기도 하고, 같이 집으로 돌아가 마을에서 놀기도 하면서 친구들의 3학년을 그렇게 보냈고, 4학년으로 자동 진급된 나는 드디어 집에다 통보하였다.

"나, 학교 안 다녀!"

아무리 형, 누나들이 같은 학교에 다니지 않았고 내가 학교에 잘 다니고 있는지에 대해 무관심하였다고 하더라도 형들이나 누나들과 부모님은 귀먹고 눈먼 사람들이었을까? 가족들은 내가 학교에 가지 않는다는 것을 알고서도 모른 체하고, 달래고, 엄포 놓고, 때리고, 잔소리하고, 그런 일이 3학년 동안 간간이 있었지만 가족 간에 서로 어물쩍 넘기고 있었는데, 공식적으로 집에다 학교에 그만 가겠다고 막말을 할 줄은 몰랐던 듯 가족들은 많이 놀랐다. 그 통에 온갖 시련을 겪을 수밖에 없었다. 벌서고, 맞고, 일도 하고, 학교로 돌려보내려는 가족들의 온갖 압력을 이를 악물고 끝까지 견디어 내었다. 세상에 존재하는 그 무슨 고통보다 학교는 내게 더한 고통이었기 때문이다. 마침내 집에서 내가 학교에 가지 않아도 된다는 말을, 만일에 학교에 간다고 하면 다리몽둥이를 부러뜨려버리겠다는 공갈을 들었을 때의 그 감격이라니!

친구들이 4, 5학년으로 진급하여 다닐 동안 내 시간은 꿈만 같았다. 산으로, 들로, 강으로 쏘다니며 낚시질도 하고 무지개도 잡으러 다니고, 논에 나가 메뚜기를 잡기도 하고 보리 꺼스럼(그을음)으로 얼굴에 숯검정을 묻히고 다니기도 하며 놀았다. 그러나 결코 학교 쪽으로는 고개도 돌리지 않았다. 자연은 내게 놀이터이기에 전혀 부족하지 않았다. 간혹 심심하면 책을 읽기도 하면서 놀았다. 옛날 시골에는 유치원이 없었다. 아이들은 한글을 학교에서 자음, 모음부터 시작하여 배웠는데, 나는 한글 읽고 쓰는 것을 쉽게 배웠던 것 같다. 당시에는 동화책이 거의 없었고 뭔가를 보려면 만화나 선배들이 보는 책들을 읽어야만 하였다. 선배들이 읽던 역사책들이나 설화들을 주로 읽었던 것 같은데, 당시에는 책이 거의 없어 책을 선택해서 읽을 수 있는 처지는 전혀 아니었기에 같은 책을 여러 번 반복해서 읽었다. 시간이 지나 나중에서야, 책이 귀해서 어쩔 수 없는 상황에서였지만 똑같은 책이나 글을 여러 번 반복해서 읽는 것이 좋은 독서법 중의 하나임을 알게 되었다.

3. 혼자서 하는 공부

학교에 다니지 않고 혼자 놀면서 심심하니까 자연스럽게 스스로 학습활동을 하게 되었는데, 그 매개물이 책과 놀이였다. 책은 즐거움과 사색할 거리를 주었고 놀이는 학습의 기초적인 원리를 들여다볼 기회를 주었다.

학교를 그만두고 읽었던 글 중에서 감명 깊게 읽었던 글이 둘 있는데 그중 하나가 나다니엘 호손이 쓴 『큰 바위 얼굴』이라는 단편소설이었고, 다른 하나는 안데르센의 동화 『썩은 사과 이야기』이다. 그 글들을 수십 번씩 읽었다. 읽을 때마다 진한 감동과 의문이 일었다. 물론 당시에 나는 그 두 편의 동화를 초보적으로 이해하고 있었고, 나이를 먹어감에 따라 내 실존적 위치에서 그것들에 대한 이해가 심화·확장되었다.

단편소설 『큰 바위 얼굴』은 주인공 어니스트가 사는 마을 건너편 산 정상 근처에 있는 '큰 바위 얼굴'을 닮은 바위에 관한 이야기다.

그 얼굴상은 생긴 모습이 숭고하고 웅장한 데다 표정이 다정했고, 마치 온 인류를 포용하고도 남을 것만 같았다. 꼬마 어니스트는 자신이 사는 마을 앞산에 있는 '큰 바위 얼굴'을 닮은 사람이 나타나 세상에 희망을 가져다줄 것이라는 이야기를 어머니에게서 듣게 된다. 그는 이리 기웃 저리 기웃 세상에 희망을 가져다줄 사람을 기다리다, '큰 바위 얼굴'을 닮았다고 소문난 사람들-백만장자, 장군, 정치인, 시인-을 만나 처음에는 열광하다가 그들의 실체를 알고선 크게 실망하게 된다. 그러다 결국 백발의 나이가 되었을 때 어니스트 자신이 바로 그 '큰 바위 얼굴'이었다는 이야기였다. 뭔가 알 것 같기도 하고 모를 것 같기도 하였지만, 어쩐지 그 이야기와 내 삶의 궤적이 같을 것이라는 막연한 예감 같은 것이 들었다. 이렇게 내 인생에서 첫 번째 선생, '큰 바위 얼굴'을 그때 만났다.

『큰 바위 얼굴』은 결국 세계의 구원은 요란한 백만장자, 장군, 정치인, 시인과 같은 자기 밖의 존재들에게서 찾아지는 것이 아니라 자신 안에서, 자신과의 대면을 통해서, 자아 성찰을 통해서, 자아 해소를 통해서 찾아진다는 것을 말하고 있는 작품이다. 어니스트도 자기 밖, 마을 앞 '큰 바위 얼굴' 상像을 보고서 그런 존재 찾기 여행을 하였지만 결국에는 자기 내면과의 직면을 통해서 '큰 바위 얼굴' 상像에 이르게 된다. '큰 바위 얼굴'이라는 외부적 자극이 내면의 성찰 길로 어니스트를 이끌었고, 그는 결국 자기 안에서 '큰 바위 얼굴'을 읽어내었고, 마침내는 자신과 '큰 바위 얼굴'이 하나가 된다.

안데르센의『썩은 사과 이야기』도 여러 번 읽었다. 가난한 노부부가 힘에 부쳐서 말을 끌고 밭갈이를 더 이상 할 수 없게 되자, 어느 날 노부부는 그 말을 팔든지 아니면 더 쓸모 있는 다른 것과 바꾸는 것이 좋겠다고 생각한다. 시장에 가는 길에 할아버지는 젖을 짤 요량으로 말을 젖소와 바꾸고, 다시 젖소를 양과 바꾸고는, 기왕에 나선 길이니 장 구경을 할 겸해서 계속 가던 길을 간다. 얼마만큼 가자 거위 가진 사람을 만나서 거위 알을 내서 먹는 것도 좋아 보여 양과 거위를 바꾸고, 다시 거위를 암탉과, 다시 암탉을 썩은 사과와 바꾸어 집으로 돌아갔다. 그런데 할머니는 할아버지가 한 일의 진행 과정에 대해 듣더니, 젖소 젖과 양젖을 먹을 수 있고, 거위 알과 달걀을 먹을 수 있고, 사과 파이를 먹을 수 있어서 좋다는 감탄사를 연발했다는 이야기였다.

당시 내 머리로는 그 동화의 내용이 도저히 이해되지 않았다. 초등학생인 나도 그런 거래가 큰 손해라는 것을 아는데, 말 한 필이면 교환한 것들 모두를 사고도 남을 것인데, 노부부는 모든 진행 과정을 왜 그렇게 기쁨으로 받아들이는지 도무지 알 수 없었다. 물론 누구에게 물어봐도 노부부는 바보 같은 짓을 하였다고 말할 것이라는 생각이 들었다. 그런데 왜 그런 글을 교과서에 실었을까, 그 이유가 무엇일까, 하는 의문이 가시지 않았다.

『썩은 사과 이야기』는 구체적 삶의 과정을 함께하는 사람들 간의 관계에서 발생하는 소박한 인생살이로 읽을 수 있다. 언어란 그것을 사용하는 사람들의 구체적 삶의 맥락 속에서 그 의미가 결정되는데, 이야기 속의 노부부는 생사고락을 같이하면서 수많은 사건을 만날 때마다 그들만의 언어를 만들어냈을 것이다. 그래서 할아버지가 '말'을 '젖소'로, '양'을 '거위'로 바꿨다고 말하면 할머니가 '젖'과 '알'을 연상하고 그것을 기쁨으로 읽어낼 언어 소통 구조를 공유하고 있었을 것이다. 그런데 그러한 소통 과정에서 필요한 것은 서로의 언어 사용 규칙에 대한 신뢰다. 동화는 그런 상태를 함께 엮어 온 노부부의 아름다운 삶을 이야기하고 있는 것이다.

또한 『썩은 사과 이야기』는 노부부가 나이 들어감에 따라 자신들이 지고 있는 짐을 기쁨으로 내려놓는 과정으로 읽기에도 충분한 이야기다. '소'와 '양'은 '젖'으로, '거위'와 '닭'은 '알'로, '썩은 사과'는 '파이'로, 그들이 주저 없이 내려놓으면서 인생의 마지막 길을, 자신들이 소유하고 있는 것들을 덜어내는 과정으로 읽을 수 있는 이야기다.

마지막으로 『썩은 사과 이야기』는 높은 영적 경지에 이른 존재들의 이야기로 볼 수 있다. 생을 놀이로 볼 만큼의 내공이 쌓인 사람들이 기왕에 주어진 생을 여여[8]如如하게 보내는 모습으로 읽을 수 있다. 그래서 말이 젖소가 되고 그것이 마침내 썩은 사과가 되는 것이 문제가 될 하등의 까닭이 없다. 말이 썩은 사과가 되는 과정은 그들에게는 그저 놀이에 불과할 뿐이다. 또한, 말이 곧 젖소요, 젖소가 바로 썩은 사과인즉 그것은 비이원非二元의 세계에서 노니는 경지일

---

8) 여여(如如)란 산스크리트어 타타타(tathatā)의 의역으로 사물 본연의 모습, 사물의 있는 그대로의 모습, 늘 그러함, 진리(자연, 법)와 같이 한결같음을 뜻한다(Daum 사전).

수 있다.

초등 시절 학교 밖에서 내가 기하학 공부를 한 사실을 중·고등학교에 가서 확인하게 되었다. 들판을 가로질러 갈 때 어떻게 하면 목표지점까지 가장 빨리 갈 수 있을까를 늘 생각하였는데, 그것이 중학교에서 공부할 때 피타고라스 정리를 이해하는 데 큰 도움을 주었다. 또 격자로 된 문창살이나 천장 벽지를 보면서 사각형의 가로 곱하기 세로의 숫자 세는 놀이를 수없이 하였는데, 그것 덕분에 고등학교에서 등비수열을 쉽게 이해할 수 있었다. 그리고 격자 창문살을 공간적으로 확장하여 육면체로 헤아려 보는 놀이도 공간지각 능력을 키워주었다. 그러나 수리 부문에서는 아예 맹탕이었다. 작은아버지가 2에서 3을 빼면 얼마냐고 물었을 때 아무리 머리를 굴려 봐도 도저히 뺄 수가 없어서 답이 없다고 대답하였다. 어떻게 두 개에서 세 개를 뺄 수가 있다는 것인지 도무지 답답하여 미치고 환장할 지경이었다.

수영도 황룡강가에서 놀며 자연스럽게 배우게 되었다. 자유형, 배영, 평영, 접영 등 웬만한 수영은 다 할 수 있었고 강을 가로지르는 횡단 수영도 능숙하였다. 또한, 식사도 꼭 밥을 먹지 않고 배를 채우면 된다는 생각을 그때 하게 되었다. 아침밥을 먹고 집을 나가면 강과 들판과 산 등지에서 놀다 해가 질 무렵에야 집으로 들어왔기 때문에 밖에서 점심을 해결하였는데 그때 먹을 만한 것들을 찾고 먹을 수 있게 하는 요령을 터득하였다. 황룡강에서는 물고기, 새우 등을, 들판에서는 개구리, 메뚜기, 옥수수, 당근, 고구마, 감자, 땅콩, 무, 콩, 보리 등을, 산에서는 칡, 감, 밤, 돼지감자, 으름 등을 잡거나 채집하거나 따서, 생으로 혹은 구워서 먹었다.

4. 가출 미수 사건

　학교를 거부하고 혼자 놀면서 마냥 좋기만 한 것은 아니었다. 어느 날 서울행 도둑 기차를 탔다. 장성군 소재 간이역인 옥정역이었다. 초등학교 4학년 나이에 해당하는 나와 친구 그리고 6학년 선배랑 셋이서 해가 져서 어둑해질 무렵까지 기다리다 완행열차에 몸을 실었다. 대낮에 도둑 기차를 타는 것보다 야간열차를 타야 도중에 승무원에게 무임승차한 사실을 들킬 위험이 적다고 알려져 있었기 때문이다. 당시에 서울은 시골 사람들에게는 약속의 땅처럼 보였다. 친구와 선배는 집이 찢어지게 가난해서 학교에 갈 형편이 아니었다. 그래서 그들에게는 고향을 떠나 약속의 땅으로 가야 할 동기가 충분히 있었다. 그러나 나는 그들만큼 집이 가난한 상태가 아니었기에 굳이 서울에 가서 돈을 벌어보겠다는 생각을 할 이유가 없었다. 우리가 함께 공유한 상황은 셋이 모두 학교를 그만두고 동네에서 놀고 있었다는 점이다. 당시에 그들은 집이 가난해서 학교에 다닐 형편이 아니었고 나는 학교가 싫어서 학교를 거부하고 있었다.

기차가 김제역을 지나 이리역(현, 익산역)을 향해 달릴 무렵 함께 기차를 탄 아주머니들의 신고로 우리 셋은 승무원에게 붙잡혔다. 이리역에서 끌려 내려진 우리는 이리역 역무원실로 붙잡혀갔다. 거기서 우리 중 가장 고학년이던 선배는 두들겨 맞았고 우리는 찍소리도 못하고 집으로 되돌려 보내지길 기다리는 수밖에 없었다. 그런데 당시는 가정집에 전화 등의 연락할 수단이 별로 없는 시대였기 때문에 누군가가 직접 우리를 집으로 데려다줘야 하는 상황이었다.

한참을 기다리자 역무원이 와서 우리를 역으로 데리고 가서, 어떤 아저씨에게 우리를 집으로 데려다주라고 인계하였다. 그 아저씨와 함께 새벽 기차를 타고 장성역을 향해 가는 도중에 그 아저씨는 졸리는지 우리를 위협하며 강제로 잠을 청하라고 하였다. 근처에 있던 아주머니들이 그 아저씨 몰래, 그 사람이 수상한 사람 같으니 빨리 도망가라고 하였다. 그 아저씨가 술에 취해 잠이 들자 우리는 장성역에서 슬그머니 내려 집으로 향했다. 집에 도착하니 어머니는 아무것도 묻지 않고 밥을 차려 주셨다. 그저 막내가 집으로 돌아온 것만 기뻐하셨다. 후일 돌아보니 우리를 집으로 데려다주겠다고 한 그 아저씨는 인신매매범이 아니었을까 하는 생각이 들었다. 섬이나 뭐 그런 데다 우리를 팔아넘길 심산이었던 듯싶다.

돈도 없이 떠난 서울행은 이렇게 좌절되었다. 그 후 친구와 선배는 조금 있다 서울로 돈 벌러 갔고, 나는 다시는 서울 쪽을 바라보지 않게 되었다. 만약 그 아저씨에게 끌려서 목포로 갔었더라면 어떤 일이 벌어졌을지 지금 생각해보아도 아찔하다. 그 후 나에게 익산 역은 넘어갈 수 없는 벽이 되었고, 대신 남쪽 바다로 가는 목포행 기차를 줄기차게 타게 되었다.

5. 너무나 외로워서 되돌아간 학교

친구들이 6학년이 되면서 나는 점차 외롭다고 생각하기 시작하였다. 그전까지는 심심할 때는 많았지만 외롭지는 않았다. 뭔가가 그리웠고, 무엇인지는 모르지만 간절한 어떤 원이 있었지만 외롭지는 않았다. 전에는 친구들이 학교에 가 있는 시간에 혼자 놀다 심심하면 책 읽고 노래 부르고 수영도 하고 물고기나 풍뎅이 같은 동물들을 잡아 놀면 어느덧 친구들이 집으로 돌아오곤 하였다. 그러다 친구들이 오면 같이 놀고, 같이 꼴을 베기도 하고 소에게 풀을 뜯기면서 둑에 누워 하늘에 온갖 그림을 그리는 구름을 쳐다보다 넘어가는 해를 바라보고 있으면 무언가를 향한 그리움이 모락모락 피어나는 느낌은 있었지만, 외롭다는 생각은 별로 없었다.

친구들이 6학년이 되면서 외롭다고 생각하게 된 데는 지금 와서 생각해보면 네 가지 이유가 있었던 것 같다. 먼저, 친구들이 중학교 진학 시험공부로 늦게 집으로 돌아오기 때문에 같이 놀 기회가 거의 없어 대부분의 시간에 나 혼자 있어야만 하였고, 사춘기에 접어드는 나이 언저리에서 느끼는 이방인 같은 자신에 대한 존재의식도 외로움의 한 자락을 이루었고, 혼자 오랜 시간을 보내면서 누적된 자연스러운 격리 감정 등도 외로움으로 모락모락 피어오른 것 같다. 그리고 근원을 알 수 없는 뭔가를 향한 그리움으로부터 소외된 느낌이 외로움으로 다가온 것 같기도 하다.

1970년, 친구들이 중학교 1학년이던 봄에 나는 살이 쭉쭉 빠져갔다. 그렇게 고난의 시간을 이겨내고 얻어낸 자유인데, 학교라면 다시는 쳐다보고 싶지도 않았는데, 학교가 다시 좋아진 것도 아닌데, 그러나 친구들은 다 학교에 가 있고 외로움은 뼛속까지 차올라 마침내 내 몸과 마음까지 갉아먹는 상황에서, 세상에서 가장 작고 슬픈 목소리로 큰누나에게 말하였다.

"나, 학교에 갈랑만."

그러고는 통곡을 하였다. 투항한 포로처럼 비참하고 절망스럽고 치욕스러웠다. 학교만 가지 않으면 무엇이라도 할 수 있겠다던 생각을 접고서 외로움을 못 이겨 그렇게도 싫은 학교에 다시 갈 생각을 하다니. 자포자기하듯이 학교로 돌아갔다. 외로움보다는 절망이 나았다. 친구들은 중학교 1학년 2학기, 나는 6학년 2학기로. 당시에는 정말로 혼자 있지만 않을 수만 있다면 어떤 것이라도 좋았다. 이제 내 친구들은 일 년 후배였던 6학년 아이들이었다.

6. 암흑 같은 학교생활

되돌아간 학교에서 가장 고통스러웠던 것은 반 아이들의 텃세였다. 면 소재지에 사는 애들이 떼거리로 달려들며 싸움을 걸어왔다. 그럴 때를 대비해서 나는 가방에 돌을 갖고 다녔는데, 떼거리로 달려드는 아이 중 한 놈만 잡고 돌로 위협하거나 찍어대면 다른 아이들이 겁이 나서 쉽게 접근하지 못했기 때문이다. 그러다 담임선생의 귀에 우리들의 싸움 소식이 전해지면 담임선생은 내게 왜 그러한 사실을 말하지 않았느냐고 나무랐다. 남자아이들 사이에서 벌어지는 갈등이나 싸움을 선생에게 고자질한다는 것이 얼마나 비웃음거리가 되는지 그는 알지 못했다. 어떻게 돌아간 학교인데, 나도 정말 싸우기 싫었다. 그러나 지속적으로 반복되는 친구들의 괴롭힘을 선생이 미리 알아서 단속해주기 전에 그런 사실을 선생에게 알린다는 것은 내 자존심이 허락하지 않았다. 싸우다 싸우다 지친 나는 결국 후배들이었지만 친구가 된 그들이 때리면 맞고 시비를 걸면 고개를 숙이고 시키는 대로 하는 시늉을 하면서 6학년 2학기를 견뎠다. 그저 외롭지만 않으면 악마에게 영혼이라도 팔았을 것이다.

학기 말이 되자 담임선생은 우리 월평초등학교와 이웃에 있는 중앙초등학교 간에 6학년 한 반씩 비교 모의고사를 보기로 했는데 우리 학교에서는 우리 반이 선정되었다고 했다. 그래서 내 이후의 꼴

찌들을 옆 반으로 보내고 다른 반 아이 중에서 공부 잘하는 아이들을 우리 반으로 데리고 와 시험을 보게 한다고 했다. 그런데 문제는 나였다. 담임은 차마 말은 안 했지만 내가 자발적으로 다른 반에 가 있겠다고 말해주기를 바라는 눈치였다. 담임 의도대로 내가 스스로 옆 반으로 가겠다고 말했더니 담임의 얼굴이 활짝 펴지며 얼마나 좋아하던지. 이런 굴욕감쯤은 나 자신을 스스로 조정해가면서 겪어낼 수 있었기 때문에 참아낼 수 있었다. 초등학교 졸업 때 내 학급 성적은 64명 중 60등 정도였는데, 내 등수 이후의 학생들은 한글 미未해득자이거나 지적 장애아들이었다.

중학교 진학을 앞두고 어머니와 작은형님에게 큰 고민이 생겼다. 중학교 입학금과 등록금만 내고 내가 학교를 또 그만둬버리면 괜히 돈만 버리는 것이 아닌가 하는 염려가 생긴 것이다. 결국, 작은형님이 이미 납부한 등록금을 찾으러 갔다가, 술 한 잔 마신 셈 치고 그냥 되돌아오는 등의 우여곡절을 겪고 나서야 비로소 나는 중학교에 입학할 수 있었다.

드디어 초등학교 졸업식 날이 왔다. 그런데 나는 졸업식 내내 부끄러웠다. 학급에서 거의 모든 학생이 각종 상과 상품을 타는데 내 이후 꼴찌들과 함께 나는 상장 하나도 받지 못했기 때문이다. 그 자리에서, 중학교에 가면 기어이 상을 타봐야겠다는 결심을 하였는데 내가 탈 수 있는 상이라고는 아무리 생각해봐도 개근상뿐이었다. 상 하나 타본 적 없고 줄반장 한 번도 못해 본 짧은 초등학교 시절

2년 반(1학년, 2학년, 6학년 2학기)이 그렇게 막을 내렸다. 내가 중학교에 입학하기 전해까지 중학교 입시가 있었지만, 운이 좋게도 내가 중학교에 입학하던 그해부터 무시험 진학이어서 중학교 진학이 가능하였다.

2장

사자에서 다시 낙타로

·

　"나 이제 너희들에게 정신이 어떻게 낙타가 되고, 낙타가 사자가
되며, 사자가 마침내 어린아이가 되는가를 이야기하련다."

　… 중략 …

　"짐깨나 지는 정신은 이처럼 더없이 무거운 짐 모두를 마다하지
않고 짊어진다. 그러고는 마치 짐을 가득 지고 사막을 향해 서둘러
달리는 낙타처럼 그 자신의 사막으로 서둘러 달려간다. 그러나 외
롭기 짝이 없는 저 사막에서 두 번째 변화가 일어난다. 여기에서 낙
타는 사자로 변하는 것이다. 사자가 된 낙타는 이제 자유를 쟁취하
여 그 자신이 사막의 주인이 되고자 한다."[9]

　초등학교 시절에 나는 '너는 마땅히 해야 한다'라는 학교의 일방적
인 명령이나 강제에 순응하지 않고 '나는 하고자 한다'라는 학교 밖
의 자유를 선택하였다. 그러나 학교에서 학교 밖으로의 세계가 처
음에는 좋았지만, 시간이 지날수록 그 세계도 또한 닫힌 세계가 되
어갔다. 그 지점에서 나는 길을 잃었다. 어린 내가 '그러면 어떻게
해야 할 것인가'에 대한 대안을 찾기란 거의 불가능해 보였기 때문

---

9) 니체, 『차라투스트라는 이렇게 말하였다』, 정동호, 책세상, 2011, p38~39.

이다. "새로운 시작, 놀이, 스스로의 힘에 의해 돌아가는 바퀴이며 최초의 운동이자 창조의 놀이를 위한 거룩한 긍정[10]"의 세계를 스스로 찾아갈 방법을 알지 못했다. 그렇게 4년 반 동안 황룡강 변에서 혼자 외롭게 견디어 냈지만 학교가 아닌 다른 길을 찾지 못했다. 홀로 대안을 찾아 학습하고 놀았지만, 거기에는 뚜렷한 한계가 있을 수밖에 없었다. 결과는 학교로의 귀환이었다. 당연히 중·고등학교 6년간 내내 학교문화에 대한 적응문제와 내 본래적인 자유로운 기질에서 오는 갈등으로 극심한 자기 분열에 시달리게 되었다.

---

10) 앞의 책, p40.

1. 더욱 외로워진 중학교 생활

중학교 1학년 여름방학에 피아노를 처음 보았다. 학교에 놀러 갔는데 음악실에 피아노라고 불리는 것이 들어와 있었다. 1학기 수업 시간에 배운 노래 중 멜로디를 아는 노래 건반을 누르는데, 그냥 쳐졌다. 당시에 화음이 뭔지를 몰랐지만 '애국가'나 '고향의 봄' 등 멜로디를 아는 노래들은 다 칠 수가 있었다. 그래서 누구나 그런 줄로 알았는데 나중에 보니 내가 청음 실력이 좋은 것이었다. 아마 초등학교 교육에 갇혀 음감을 평가받지 않고 내 나름대로 노래를 흥얼거리며 놀면서 인간이 본래적으로 갖고 있는 리듬감을 보존할 수 있었기 때문은 아니었을까 생각한다.

중학교 1학년 말에 개근상을 타게 되었다. 내 생애 처음으로 타보는 상이었다. 동네에 난리가 났다. 창수가 개근상을 탔다니 도저히 믿어지지 않는다는 것이었다. 우리 동네에는 공부를 잘해서 우등상을 탄 아이들도 있었는데 그들의 우등상은 저리 가라 하고 내 개근상 수상 소식이 온 동네를 휩쓸었다. 이후 중학교 3년 내리 결석 한번 없이 학교에 다녔다.

중학교 2학년이 시작되면서 내 삶에 큰 변화가 왔다. 학교 공부를 열심히 해야겠다고 마음을 먹게 된 것이다. 거기에는 두 가지 이유가 있었다. 첫째로, 중학교에 들어가 친해진 친구가 갑자기 학교 성적이 중상에서 최상위권으로 치솟았는데, 그것은 내게 친구를 잃을지도 모른다는 두려움을 가져다주었다. '끼리끼리'라고, 학교에서는 주로 비슷한 성적의 아이들이 서로 친하게 지내는데 -지금처럼 계층이 비슷한 아이들끼리 노는 것과는 달리- 그 친구가 공부를 잘하는 것은 내가 외로워질 수 있는 위기였다. 외로워서 학교로 되돌아왔는데 다시 외로워질지도 모르겠다는 두려움이 들었다. 그런 상황을 피하려면 나도 공부를 잘하면 될 것이라는 생각을 하게 되었다.

또한, 내 장래에 대해 염려되기 시작하였다. 지나온 내 과거의 삶을 돌이켜 보면서 앞날이 너무나 막막하다는 생각을 하였고, 이렇게 가다가는 내 삶이 어디로 흘러갈지 모르겠다는 불안한 마음이 들었다. 내 앞날을 위해서도, 친구를 잃지 않기 위해서도, 공부를 해야겠다는 생각을 하였다. 눈에 불을 켜고 공부를 하기 시작하였고, 친구보다 더 좋은 최고의 성적을 내면서 제도권으로 꾸역꾸역 걸어들어갔다. 전교 1등을 하기 쉽지 않았던 것은 인지 교과에 속하는 수학과 과학 때문이었다. 책 읽는 것이나 사회 교과나 새로 시작한 영어와 한문 등은 어렵지 않게 따라갈 수 있었지만, 절대적 시간 투여를 해야만 하는 두 과목은 두고두고 애를 먹었다. 중학 2학년 말에는 개근상에 더하여 우등상도 타게 되었다.

그러나 너무나 외로워서 되돌아간 학교였는데 더욱 외로웠다. 친구보다 성적이 더 좋아져 버린 후 그 친구와 서먹해졌고, 내 자유로운 기질을 억누르며 자신을 제도권 속으로 몰아넣는 데서 오는 예민한 신경증이 나와 주변 사람들을 벨 것만 같았다. 나도 나 자신이 불편하고 무서운데, 다른 사람들이 내 곁에 오려 하지 않는 것은 너무나 당연한 일이었다.

2. 정신적 위기에 처한 고등학교 생활

친구들이 다 떨어지고 나 혼자 합격한 고등학교 생활에서도 내가 외로움을 이겨내는 일은 오직 공부하는 것밖에 없어 보였다. 공부를 잘하면 자연히 주변에 친구들이 모일 테고 그러면 덜 외롭겠지, 생각하면서 피나게 공부하였지만 외로움은 진해져 마침내 정신에까지 영향을 주기 시작하였다.

중학교는 그나마 고향인 장성에 있어 사람도 풍경도 낯이 익었지만, 광주에서 다닌 고등학교는 모든 것이 설고 이질적이었다. 전교생 2천 2백여 명 중에 아는 사람 하나 없이 시작한 고등학교 생활은 허허벌판에 혼자 서 있는 것 같았다. 그나마 국어 시간에 황진이라는 시인을 처음 알았고 그녀와 관련된 글들을 찾아 읽고 외우며 외로움을 달랬는데, 내게 필요한 것은 따뜻한 체온을 가진 친구였다.

내게는 외로움을 비켜 갈 수 있는 어머니와 같은 의지처가 필요하였다. 자유로운 기질을 길들이면서 오는 병적인 예민함과 청소년기의 질풍노도 시기에 오는 불안함 그리고 큰형님의 병 등 가족사에서 오는 고통 등을 견뎌낼 힘을 비축할 수 있는 쉼터가 필요하였다.

고등학교 2학년 4월의 어느 일요일, 자취방에서 나는 미쳐가고 있는 '나'를 보고 있었다. 조금만 그대로 두면 정신을 놓아버리리라는 것을 알 수 있었다. 당시 큰형이 조현병을 앓아 정신병원에 입원하고 있었기에, 나는 큰형의 병증을 보며 나도 그런 상황에 처하게 될지도 모른다는 두려움에 시달리고 있었다. 고등학교에 진학하고서부터 문학이나 철학을 공부하려고 생각하고 있었는데, 나의 불안정한 심리상태로 그런 분야를 전공하면 내가 미쳐버리거나 제 명에 살지 못할 거라는 생각이 들었다. 시나 철학은 끊임없는 생각과 사색과 상상력을 요구하는데, 내 불안한 심리상태가 지속되는 것이 두려웠다. 그래서 '생각하는 것'을 가급적 멈추고 생각을 덜 하려고 무진 애를 썼다.

그러던 어느 날 나는 무조건 자취방을 뛰쳐나갔다. 그러면서 작심을 하였다. '지금부터 종교 시설 중 무엇이 보이건 눈에 가장 먼저 띄는 곳으로 들어가리라. 그곳이 성당이건 절이건 교회건 그 어떤 종교 시설이건 그곳에 가리라. 그곳만이 내가 살 수 있는 유일한 곳이다.' 광주 시내에 교회가 가장 많다는 것을 나중에야 알았지만, 그렇게 나는 교회로 나를 피신시켰다. 거짓말처럼 이제는 내가 미치지는 않을 것이라는 생각이 들었다. 전통 문화권에서 자라면서 교회에 한 번도 나가본 경험이 없는 내게, 물에 빠져 익사 직전에 있던 내게, 지푸라기는 하느님이었다.

고등학교 생활에서 얻은 트라우마는 40대 중반까지 나를 괴롭혔다. 꿈속에서 고등학교 학생으로 되돌아가 교실에서 공부하고 대학 입시를 다시 치르다 깨는 경우가 많았다. 더욱 지독한 악몽은 꿈에 교복에 모자를 착용하고 고등학교 생활을 하는 것이었다. 당시 중·고등학교 시절에 모든 학생은 교복을 입었고 남학생의 경우 모자를 썼는데, 졸업 후 긴 시간이 지났음에도 불구하고 꿈에 모자 테가 내 머리를 꽉 조여들어 와서 머리가 깨질 것 같은 공포로 꿈에서 깨어난 적이 많았다. 나는 평소에 비가 와도 우산을 쓰지 않으려 하고 특별한 경우가 아니면 모자를 쓰지 않으려 한다. 아마 내가 머리 위에 뭔가를 올려놓는 것을 결코 용납하지 않으려고 하는 것은 학생 시절에 머리에 썼던 모자의 트라우마 때문이 아닐까 한다. 고등학교 시절로 돌아가서 교실에서 공부하거나 입시를 치르는 꿈보다는 모자를 쓰고 생활하던 꿈이 더 오래갔던 것은, 다시 공부하는 데서 오는 황당함보다는 제복을 입고 생활해야만 했던 고통이 더 심각한 내상을 입힌 데서 기인한 것이 아닌가 한다.

따지고 보면 애초에 세상에는 교복이라는 제도가 없었다. 교복이 등장하게 된 것은 근대식 교육이 출현하고 나서부터이다. 근대 산업사회는 소품종 대량생산을 지향하는 사회체제다. 거기서는 동일한 제품을 동일하게 생산해 내는 것이 미덕이 된다. 산업사회는 거기에 적합한 인간을 길러내기 위해 근대식 학교를 필요로 하였다.

산업사회에서 권장된 교육의 덕목은 창의성이나 개성이나 다양성이 아니라 단일한 사고와 성실성과 순종이었기 때문에, 동일한 교과서를 사용하여 똑같은 생각을 가진 인간을 양성하는 것이 교육의 목표일 수밖에 없었다. 거기에 동일한 복장 제도도 필요해진 것이다.

교복이라는 억압적이고 통제적인 복장 제도는 효율적 지배와 통제를 목적으로 하는 군사주의적 일방통행식 문화로부터 물려받은 유산이기도 하다. 명령과 복종만이 유일한 덕목인 군사문화에서 다양한 사고는 불온한 것이다. 그러한 군사문화의 특징과 대량생산 체제가 맞아떨어져서 학생들에게 제복을 입히게 된 것이 오늘날의 교복 제도이다.

학생들에게 교복을 억지로 입히는 그 자체가 폭력적이고 지배주의적 관점을 고스란히 반영하고 있다. 그것은 민중을 잠재적 범죄자로 바라보는 구조기능주의적 발상을 어린 학생들에게까지 연장한 것이다. 또한, 학생들이 획일적 사고에 길들고 삶의 다양한 차이를 견디지 못하게 하는 기제로 작용하고 있다.

3장

선생님, 당신은 어디 계십니까?

만약에, 만약에, 내가 학교를 거부하고 혼자 있을 때 외로움을 벗어날 수 있는 다른 방법을 찾지 못해 절망스러운 학교로 되돌아가는 길을 선택했을 때, 바로 그때 "아이야, 학교 말고도 외롭지 않은 길은 세상에 널려있단다. 학교에 가면 너는 더 외로워질 거야"라고 말해줄 수 있는 사람이 있었다면 나는 결코 학교로 돌아가지 않았을 것이다. "너는 학교에 다니지 않은 덕에 자연성이 많이 훼손되지 않은 아이여서 학교로 돌아가 제도권에 익숙해지고 길들면 죽을 만큼 고통스러울 거야"라고 알려주는 어른이 있었다면 나는 그의 말에 귀 기울였을 것이다. 뭔가를 보고자 하나 아이가 보기 어려운 어떤 그리움을 놓아서는 안 된다고 경계해주는 사람이 있었더라면, 자연은 놀이터만이 아니라 선생이기도 하다는 것을 가르쳐 주는 선생이 함께했더라면, 나는 그가 인도하는 길을 따라갔을지도 모른다.

1. 초등학교에서 만난 선생

되돌아간 초등학교 6학년 2학기 담임선생이 처음부터 나를 잠재적 문제아로 단정 짓지 않고 어떤 사연으로 학교를 거부하다가 왜 학교 복귀를 결정하였는지 알고자 하였더라면, 학급 평균 성적이나 깎아 먹고 이해할 수 없는 짓만 하는 놈이라 흘겨보지 않고 무엇이 고통스러운지 물어 주었더라면, 그가 선입견과 자기 신념을 벗어놓고 아이를 먼저 이해하려는 생각을 가진 사람이었더라면 내가 이후에 만나게 된 선생이라는 사람들에 대해서 그렇게 실망하지 않았을지도 모른다. 초등학교 1~2학년 동안 연이어서 담임을 맡았던 선생님 한 분과 6학년 2학기 담임 선생님 두 선생님밖에 경험하지 못한 내가 선생에 대해 왈가왈부하는 것은 조심스럽지만, 내가 경험한 두 선생은 학생들에 대한 이해와 공감과는 거리가 멀어 보였다.

2. 중학교에서 만난 선생

중학교 생활에서도 존경할 수 있는 선생님을 만나지 못했다. 내가 다닌 황룡중학교는 농촌에 있었는데 학생들 절대다수가 가난한 농민들의 자식이었다. 학부모님들은 어려운 형편 가운데서도 자식들만은 가난에서 벗어나 잘살 수 있기를 바라는 마음에서 아이들을 학교에 보냈다. 그러나 먹고살기에 바빠 자식들의 학교생활에 관심을 가질 시간적 여유도 없었고 학교 교육에 대해 알 만한 지적 수준도 갖추지 못한 상태였다. 그분들은 아이들이 학교에서 선생들로부터 어떤 취급을 받고 있는지 알 수도 없었고 알아야 하는지도 몰랐다. 당시는 그저 때려서라도 자기 자식 잘 가르쳐 달라고 선생들에게 주문하던 시기였다.

중학교 입학식 날, 내 생애 처음으로 심한 모욕적 경험을 하게 되었다. 입학식을 하려고 학생들이 운동장에 모여 와글와글 떠들고 있었는데, 시끄럽게 떠든다고 교무부장 선생이 나를 지목하여 구령대 앞으로 불러내어 전교생이 보는 앞에서 시범 케이스로 내 양 뺨을 쳤다. 친구들 앞에서, 여학생들 앞에서 정말로 수치스러웠다. 내가 교사로 살면서 '시범 케이스' 짓을 하지 않으려고 한 것은 선생의 전체주의적 통제 방식이 인간의 존엄성을 얼마나 참혹하게 훼파하는지를 그때 알았기 때문이다. 그는 중학교 생활 동안 내내 내게 선생일 수 없었다. 1학년 때 중하위권 성적이었던 내가 2학년 중간고사에서 갑자기 전교 3등을 하게 되자, 담임이었던 그가 커닝한 것 아니냐는 의심의 눈초리로 쳐다보는 시선을 견뎌내는 것도 자존심이 극도로 상하는 일이었다. 그 후에는 내가 계속 공부를 잘했기 때문에 더 이상 그런 문제는 발생하지 않았지만, 교사의 덕목 중 하나가 학생을 믿어주는 것이라는 생각을 하게 되었다.

1학년 음악 시간에도 반교육적 사건을 경험하게 되었다. 당시 우리는 볼펜을 살 수 없을 만큼 가난해서 잉크 묻힌 펜으로 필기를 하였다. 그런 우리에게 어느 날 음악선생이 검정·파랑·빨강 볼펜을 사용하여 오선지에 악보를 그려오라는 숙제를 내주었다. 학생들이 아무도 대답을 하지 않자 음악선생은 언짢은 얼굴로 "내가 볼펜을 사줄까?"라고 물었고, 내가 이빨을 앙다물고 이빨 사이로 "예" 하고 대답하였다. 그러자 그는 나를 교탁으로 불러내어 그가 신고 있던 슬리퍼를 벗어들고 내 뺨을 쳐댔다. 사실 나는 운이 좋게도 큰형이 준 볼펜을 가지고 있었다. 하지만 절대다수의 학생들은 돈이 없어 볼펜을 살 형편이 못 되었다. 음악선생이 볼펜으로 악보를 그려오라고 했을 때, '상놈의 새끼. 제 놈은 꼬박꼬박 월급 받아 처먹고 사니까 저런 소리를 하겠지만 우리에게 무슨 돈이 있어 삼색 볼펜이란 말이여!'라는 생각이 들었다. 나중에 알고 보니 다른 친구들도 나와 별반 다르지 않았다. 친구들은 학생들의 형편도 헤아리지 못하는 그 선생의 등 뒤에서 쌍욕을 해댔다. 남학생들을 성폭행하는 남자 선생, 소지한 지휘봉으로 여학생들 치마를 들춰대는 남자 선생, 공부 잘하는 학생을 편애하고 공부 못하는 학생을 무시하는 선생 등에게 존경심을 갖기는 어려웠다.

이러한 사건 중에서 가장 혐오스럽고 모멸스러웠던 사건은, 체육선생이 부과한 '친구들끼리 서로 뺨 때리기 벌'이었다. 그는 우리가 수업시간에 떠든다며 같이 앉아 있는 짝꿍끼리 서로의 뺨을 때리게하였는데, 처음에는 우리가 서로 때리는 시늉만 하자 매로 아이들의 등을 사정없이 내리치며 뺨을 치라고 소리를 질렀다. 두려움에사로잡힌 우리는 서로의 뺨을 때리기 시작하였고 그것이 자가발전하면서 결국에는 친구들끼리 서로 더 세게 때리는 사태로 발전하였다. 그것은 내 안에 그리고 우리 인간 안에 내재한 잔혹한 동물성을드러내게 하는 사건이었다. 당시에는 학교에서 그러한 행위들이 교육이라는 이름으로 버젓이 행해지고 있었다.

그런 상황에서 결석 한번 없고 공부도 빼어나게 잘하게 되어버린나는 학교에서 볼 때 모범생이었고 어느덧 학생들을 일정 정도 대표하는 역할도 하게 되었다. 그래서 내가 교장 선생님을 단독으로만나 학교 선생님들의 비교육적 행위들을 시정해 달라고 요구하게되었다. 용기를 내어 교장 선생님을 찾았지만, 선생님들에 관한 것이라 막상 입이 떨어지지 않아 주저하다가 비밀을 보장할 테니 말하라는 말에 속아 사실대로 말하였다. 수업시간에 술 먹고 들어와자습시키지 마라, 숙직실에 모여 저녁 내내 노름하다 눈이 뻘게 가지고 수업에 들어오지 마라, 수업시간에 수업은 안 하고 납부금 등 돈 걷는 일에만 신경 쓰는 것을 삼가라, 함부로 아이들을 때리지 마라, 지나친 편애를 삼가라. 차마 남자 선생의 남학생들 성폭행 사건들은 입에 담지도 못했다. 교무회의 시간에 난리가 났고, 그때 나는 교장도 선생이라는 것을 뼈저리게 알아야만 하였다. 경멸하지 않아도 되는 선생을 만나는 것은 결코 쉬운 일이 아니었다.

3. 고등학교에서 만난 선생

고등학교 선생들에게서도 참선생의 모습을 읽어내기가 쉽지 않았다. 선생 대부분은 평범하였지만 개중에는 선생 같지 않은 사람들 몇몇이 있었다. 월남전에 참전하여 얼마나 많은 베트콩을 사살했는지를 자랑하는 선생, 학부모들의 지위에 억눌리어 학생들의 비위를 맞추는 선생, 유신을 찬양하는 선생 등 역겨운 선생들이 있었다. 참기 어려운 경험 중 하나는 선착순 달리기였다. 체육 시간이나 교련 시간이 되면 해당 교사 중에 선착순 달리기를 시키는 경우가 가끔 있었는데, 처음에는 몇 번 거기에 발맞추다가 원형극장에서 살기 위해 상대를 죽여야만 하는 검투사 같다는 생각이 들었다. 몇몇 친구들과 일부러 천천히 걸으며 개기자 해당 교사들은 그제야 그 짓을 멈추었다.

　고등학교 선생님들에게서 내가 주로 들은 것은 선배들의 대학 진학 실적과 사회진출에 관한 것들이었다. 물론 광주고등학교를 선택하여 진학한 것은 나 자신이었고 선생들의 관심과 내 관심이 일치하기도 하였다. 이미 나는 제도권 내에서 나의 세속적 욕망을 이룰 수 있는 명문 고등학교에 진학하였고 다른 학생들보다 더 확실하게 야망을 이룰 수 있는 지점에 와 있었다. 뒤집어 말하면 내 본래적인 자유로운 기질과 자연적 야성이 어느덧 억눌러지고 정교하게 짜인 판에서 노는 기술과 힘을 어느 정도 갖추었던 것이다. 그래서 선생님들은 내 출세를 돕는 사람들로서 유익한 존재들이었다. 그러나 내 자유로운 기질과 야성이 세속적 욕망을 이룰 수 있는 힘과 평행을 이루면서 내 정신적 분열은 극에 달해가고 있었다.

　그러던 우리에게 함석헌 선생 이야기를 통해 박정희의 유신독재 정권을 에둘러 비판하고 4·19혁명과 광주학생운동 정신을 계승해야 한다는 말을 들려주는 선생이 있었다. 그 선생은 수업시간에 민주화와 사회적 자유에 대해 힘주어 외쳤는데 그 과정에서 유신정권으로부터 박해받아 해직되었거나 감옥에 간 선배들 이야기를 하며 목이 메었다. 생애 처음으로 선생이라는 존재가 무엇인지를 시사해주는 선생이었다. 고등학교에 와서야 학생들에게 어떻게 살아야 하는지를 알려주는 선생을 처음 만나고서 학교에 선생이 필요한 이유를 조금은 알 것 같았다.

4. 학교 밖 선생

　초·중·고 시기에 내가 만난 진정한 선생은 거의 모두 학교 밖에 있었다. 『큰 바위 얼굴』과 해석이 괄호로 묶인 『썩은 사과 이야기』, 부모님과 임종국 선생, 자연은 모두 학교 안에 있지 않았다.

　초등학교를 그만두고 놀던 시절에, 훗날 내가 환경운동의 길로 나설 수 있는 동기를 부여해준 '산림 왕', 임종국 선생을 만났다. 장성군의 편백 숲 조성자로 알려진 임종국 선생은 우리 동네 들판에 있는 밭을 임대해 여러 수종의 묘목을 심었는데 그것들이 자라면 전국 각지로 옮겨 산에 나무를 심었던 사람이다. 그는 산에 나무를 심어야 우리나라에 희망이 있다고 열변을 토하곤 하였다. 무슨 말인지 다 알아들을 수는 없었어도 나무는 무조건 많이 심어야 한다는 소리로 들렸다. 지루하기도 하였지만 이야기 사이사이에 그분이 나누어주는 사탕을 얻어먹는 재미로 자리를 지켰다. 그도 내게 학교 밖 선생님이 되어 주었다.

　우리 집에도 선생이 있었다. 한번은 알을 품고 있는 꿩을 보고 꿩을 잡으려고 하는데, 보리밭에서 일하고 있던 아버지가 내게 "알 품은 어미 새는 잡는 법이 아니다"라고 말리셨다. 아버지 말에 깃든 의미를 알 듯 말 듯 하였지만 따라야만 할 것 같았다. 그 당시 시골 어른들은 물고기가 알을 배는 시기에는 물고기를 잡지 않았고 우리에게도 그렇게 하라고 가르쳤다. 생명의 존엄성과 상호의존성을 가르쳐준 것이다.

무엇보다도 어머니는 내게 큰 선생님이었다. 어느 날 어머니가 지갑을 놓고 밭에 일하러 가서서 지갑에서 당시 돈 십 원을 훔쳐다가 맛있는 과자를 사 먹었다. 그 후 며칠 있다 또 우연히 지갑을 발견하고서 지갑을 뒤져보니 오 원짜리와 일 원짜리 동전이 있었다. 그런데 그때, 어쩌면 어머니가 지난번에 내가 돈을 슬쩍 해간 사실을 알고 있지나 않을까 하는 생각이 들었지만 '에라 모르겠다'라고 생각하고 오 원을 훔쳐다 까먹었다. 그러다 보니 이제 의도적으로 어머니 지갑을 노리게 되었고 다시 한번 어머니 지갑을 뒤지게 되었다. 그런데 일 원짜리 동전만 몇 개 들어 있었다. 그때 나는 어머니가 내 자존심을 생각하고 스스로 바로잡을 기회를 두 번이나 주셨다는 것을 알았다. 지갑을 원상태로 해놓고 그 후 다시는 어머니 지갑을 뒤지지 않았고 남의 것을 훔쳐서는 안 된다는 생각을 하게 되었다. 어머니는, 노자의 말 없는 가르침(행불언지교 行不言之敎)을 실행하신 것이다. 남자들은 두 여자에게서 인정받고 싶어 하는데 그 한 사람이 어머니이고 다른 한 사람이 아내다. 그 사건을 계기로 나는, 다시는 어머니를 실망시키는 일은 하지 않아야겠다고 결심하였다.

초등학교 시절에 나는 자연이 선생인 것을 알아차리지 못했다. 자연은 내게 놀이터였고 식량창고였으며 쉼터였지만 어린아이가 혼자서 자연을 스승으로 읽어내는 것은 벅찬 일이었다. 바로 거기가 선생이 있어야 할 자리인데, 그런 사람을 만나는 행운을 나는 누리지 못했다. 아이들에게 자연의 이치나 본성과 같은 형이상학적인 이야기를 해주기는 어렵지만, 구체적인 자연물이나 자연현상을 학습하게 함으로써 아이가 자연을 읽어낼 기회를 만들어줄 선생조차 찾지 못했다.

자연이 내 스승이었다는 것을 자각하게 된 것은 내 나이 서른이 넘어서다. 나는 민물고기 먹는 것을 좋아하지 않는다. 아니, 싫어한다. 그런 내가, 학교를 거부하고 나서 익힌 낚시질과 투망질로 수많은 물고기를 잡아 죽이며 살았다. 아마 몇 가마니 정도의 물고기를 해친 것 같다. 그런데 어느 날 영상을 통해 낚싯바늘을 삼킨 물고기가 물 밖으로 끌려 나오며 고통으로 버둥거리는 모습을 보면서 내가 바로 그 물고기라는 생각이 들었고 내 안에 내재한 살육의 본능을 보았다. 나는 바로 그 자리에서 투망질과 낚시질을 그만두었다. 그리고 또한 사냥으로 잡은 참새를 먹지 않고 내버리면서, 지금 내가 무슨 잔인한 짓을 하고 있나, 하는 생각이 들어 사냥도 그만두게 되었다.

물고기 잡는 것을 그만두고 사냥질도 그만두면서 생명이 세상에 존재하는 이유에 대해 생각하기 시작하였고 뭇 생명은 본래적으로 존중받아야 할 고유한 가치가 있다는 생각을 하게 되었다. 생업을 위해서 생명을 해치는 일은 피할 수 없지만, 유희로 하는 살생은 지양되어야 한다. 자연은 인간에게 의식주를 제공함은 물론이고 놀이

터도 제공한다. 자연은 총체적 사고와 조화와 상생, 순환과 유기체적 관계를 가르쳐준다. 생각해보면 학교를 거부하고 혼자 있을 때 자연은 내 친구였고, 식량창고였고, 치유의 공간이었고, 그리움을 가슴에 담고 살게 해준 공간이었다.

예수는 워낙 낯설게 만났고 비정상적으로 만났기 때문에 고등학교 시절에 그는 내게 파멸을 막아줄 부적 같은 것 이상을 벗어나지 못했다. 그러나 고등학교 이후의 내 삶에서 예수는 최고의 스승이 되었다.

돌이켜보면, 학교에서나 사회에서 존경하고 따를 만한 선생을 만나지 못한 것은 초등학교 시절을 거의 혼자 보내면서 선생을 제대로 만날 기회를 갖지 못하였기 때문이기도 하고 홀로 있었던 시간에 형성된 성격적 특징 때문이기도 하다. 일반적이지 않은 내 학창 시절은 필연적으로 선생이라는 존재에 대한 의존도가 낮을 수밖에 없었고 선생을 깊게 만날 기회도 거의 가질 수 없었다.

4장

학교를 거부하고서
지킨 것과 잃은 것

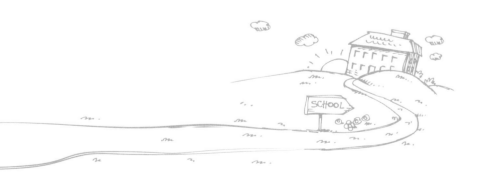

·

　자의건 타의건 홀로 있는 시간이 많은 사람은 어떤 상황을 마주할 때 거의 혼자 생각하고 스스로 결단하고 홀로 행동하는 경우가 많다. 그래서 자율적이기도 하고 주체적이기도 하며 자립적이기도 하지만, 독단적이고 소통에 서투르다. 또한, 다른 사람들과의 관계 맺기에 서툴 수밖에 없는데, 내 경우도 별반 다르지 않았다.

1. 자연성의 보존과 근기 형성

 가족들로부터 가해진 엄청난 압력과 핍박에도 굴하지 않고 학교를 거부하고 나서 혼자 버틴 4년 반은 '마찰의 힘(갈등을 견뎌내는 힘)'을 훈련하는 시간이었다. 또한, 교육을 받으면 받을수록 좌절을 겪게 되는 한국 사회에서, 내게 학교거부는 근대식 교육에 갇히지 않을 수 있는 기회였고 부조리한 사회화 과정을 피할 수 있는 기회이기도 하였다. 사춘기 어름에 학교로 돌아갈 결심을 하게 된 때에는 이미 사회에서 일방적으로 유포하는 강제적인 것들에 대항할 힘이 어느 정도 길러져 있었다.

 학교거부 경험은, 어떤 상황이나 사건을 만났을 때 '이게 아니다' 싶은 것은 그 자리에서 그것을 그만둘 수 있는 뚝심을 길러 주었고, 해야만 하는 일이면 온 힘을 다해서 이루려고 노력하는 근기根機를 형성시켜주었다. 그러나 학교거부를 뒤집어서 생각해보면 다른 것을 선택하고 싶은 강렬한 욕망이 있었다는 것인데, 그것이 무엇인지 대안을 찾지 못한 채 학교로 돌아갈 수밖에 없었던 것은 내 경험의 한계나 그 시대의 한계가 아닌가 한다.

2. 충족감과 소유에 대한 자유로움

나는 충족감과 소유에 대한 자유로움을 갖고 자랄 수 있는 행운을
누렸다. 충족감과 결핍감은 절대적 감정이 아니라 상대적 감정이
다. 막내라서 부모님과 형들과 누나들이 내가 원하는 것을 비교적
잘 충족시켜준 덕을 많이 보았다. 또한, 초등학교를 그만두고 혼자
산과 들과 강가에서 놀게 되었을 때 자연은 내게 많은 것을 제공해
주면서도 내가 가진 것을 빼앗아 가지 않았다. 산지사방에 널려있
는 것이 다 내 것일 수 있으니 굳이 내 것을 고집할 필요가 없었다.

내가 원하면 언제든지 세상의 모든 것을 가질 수 있다고 생각하면
서 살 수 있었던 시간은 내게 소유에 집착하지 않는 성격을 형성시
켜주었고 내가 요청하면 세상 사람들이 언제나 도와줄 것이라는 생
각을 굳혀 주었다. 또한, 타인이 내게 도움을 요청하면 나도 언제나
도움을 줄 수 있다는 생각을 하게 하였다.

3. 자긍심

나는 어렸을 때부터 자긍심이 대단했다. 타인이 나를 함부로 대하는 것을 용납하지 않았고 쉽게 무릎을 꿇지 않았다. 모욕당하는 상황을 가급적 만들지 않았고 오연한 기상을 유지하였다. 유교적 분위기가 강한 광산김씨 집성촌에서 자라면서 혈통에 대한 자긍심[11]을 끊임없이 교육받았는데, 학교가 자칫 그런 내 자긍심을 해칠 수 있었지만 거기서 탈출하여 있었기 때문에 내 자존감은 꺾이지 않고 보존될 수 있었다. 학교 밖 초등학교 시절 동안 시험점수로 줄 세우기를 당하지 않았고 가난하다고 차별받지도 않아서 열등감이 무엇인지 모르고 자랐다. 그것은 젊은 시절 내가 품위를 해치는 행동을 하지 않도록 하는 데 큰 도움을 주었다.

4. '때' 읽기와 기다림

헬라어로 '시간'을 나타내는 단어에는 두 가지가 있다. '물리적 시간' '연대기적 시간'을 나타내는 크로노스Chronos와 '의미 있는 시간'

---

11) 성장기에는 건강한 자아 형성과 거기에 기반을 둔 자긍심 유지가 중요한 과제이지만 훗날 그러한 자아를 해소하려는 노력을 시작할 때 자아와 자긍심은 큰 걸림돌이 되었다.

'특정한 사건이 일어난 시간'을 지칭하는 카이로스Kairos가 그것이다. 예수 잉태 시기가 임박했음을 말할 때 성서에 "때가 차매"라고 표현된 그런 시간이 바로 역사적으로 의미 있는 카이로스적 시간이다. 그것은 어떤 결정적 체험이나 삶의 방향을 틀어 놓을 만한 사건의 시간이다.

어떤 일을 이루려 하면 그 일의 징조, 기운 등의 '바로 그때'를 포착할 줄 알아야 한다. 환경위기로 인해 생명 담론이 유행하고 그것에 토대를 둔 생태시대가 도래하는데, 인간의 물질성에만 천착하여 물질적 평등과 해방만을 주장하는 것도 '때' 읽기에 실패한 사례이다. 또한, 미시 세계에 대한 연구 성과를 토대로 한 첨단산업, 마이크로 산업 시대에 토건 산업에만 매달리는 것은 어리석음의 극치이다. '지금이 바로 그때인가'를 읽어낼 줄 아는 지혜, 아직 '때'가 아니라고 판단되면 기다릴 줄 아는 지혜도 일을 이루는 데 필요한 덕목이다.

나는 시간과 때에 민감한 사람이다. 역사학을 전공해서 그러한 능력이 배양된 것이라기보다는 시간과 때 읽기에 민감하여 역사학을 전공한 것이 아닌가 생각한다. 기다림은 어렸을 때 초등학교를 그만두고 혼자 있을 때 무엇인가를 그리워하고 친구들이 학교에서 돌아오기를 기다리면서 길러진 습관이다. 아침에 낚싯바늘을 던져 놓고 고기가 입질을 하지 않으면 해 질 무렵까지 기다리던 습관, 대학에 입학하여 16년이 지나서야 학부를 졸업하던 세월 등은 내게 '기다림'의 미덕을 가르쳐 주었다.

5. 자율적 태도와 기획력

학교에 가지 않고 노는 것도 하루 이틀이지 무작정 놀 수도 없는 노릇이었다. 어쩔 수 없이 혼자 노는 연습을 할 수밖에 없었고 매일 일정을 스스로 세우고 관리하게 되었으며, 그러한 것들은 내게 자율적 태도와 기획능력을 키워주었다. '어떻게 하면 심심하거나 지루하지 않게 재미있는 하루를 보낼 것인가'가 과제인 상태에서 나름대로 열심히 궁리하고 실행 방안을 연구하였다. 아마 내가 자율적으로 운영할 수 있는 학교 세 개-무주 푸른꿈고등학교, 함양 녹색대학교, 광주 지혜학교-를 세울 수 있었던 것과 그 학교 이념(방향)을 설정하고 거기에 맞게 학교를 경영하고 교육과정을 편성하고 학사일정을 짤 수 있는 능력이 이때 길러진 것이 아닌가 한다.

6. 관계 장애

그러나 내가 이 세상에 살면서 가장 애를 먹었고, 시행착오를 많이 겪었으며, 몸의 병까지 얻게 된 것은 관계능력의 부족 때문이었다. 아버지가 일찍 돌아가셔서 권위 있는 어른 남자와의 관계훈련이 부족하였고, 막내로 살아서 손아래 후배들과 어울려 사는 법에 아주 서툴렀다. 게다가 초등학교를 건너뛴 탓에 또래 친구들과 어울리는 법도 잘 알지 못했고 여자들과 소통하는 데도 큰 장애를 겪었다. 고등학교를 졸업할 때까지 친구 하나 없었던 것이 그것을 말해준다. 어머니와 관계가 좋았기 때문에 나이든 여성들과의 관계는 참 좋았다.

고등학교를 졸업한 후부터 의도적으로 관계능력을 신장하려고 노력하였다. 대학에 다니면서 처음으로 친구를 사귀기 시작하였는데, 그때부터 수평적 관계능력은 좋아지기 시작하였다. 그 후 야학 선생, 교회학교 교사, 보육원 총무, 고등공민학교 선생 등을 하면서 나보다 어린 사람들과 어울리는 방법을 조금씩 배우기 시작하였다. 그리고 40대 중반에 한빛고등학교 교장직을 수행하는 동안 60세 전후의 교장들과 어울리게 되면서 손위, 특히 권위적인 어른들과 어울리는 훈련을 하기 시작하였고 우리 사회의 명망 있는 어른들과 함께 녹색대학교를 만들면서 나이 많은 남자들과 관계를 편히 맺을 수 있게 되었다.

따지고 보면 인간관계도 학습이 필요한 영역이다. 근대문명이 종말을 고하는 지금, 거기에 따라 산업사회의 유제인 기존 학제(초·중·고·대)도 그 패러다임이 전환되어야 함에도 불구하고 유치원과 초등학교가 필요한 가장 큰 이유는 거기에서 서로 관계훈련을 하여야 하기 때문이다.

7. 독단적 태도

초등학교를 그만두는 것, 학교로 복귀하는 일, 고등학교를 선택하는 일 등 내 삶의 거의 모든 것들을 혼자 결정하다 보니 굳어진 성격이 좋게 말하면 '주체적'이고 사실대로 표현하면 '독단적'이다. 생각하는 것, 책 읽는 것, 세상 읽는 것, 다른 사람을 파악하는 것 등에서도 주관적인 측면이 강하게 작용하였다.[12]

그런 내가 다른 사람들과 어울리는 연습을 의도적으로 했다고 해서 어떤 일을 파악하고 결정하는 면에서 독단적 태도를 버렸다고 할 수는 없었다. 다른 사람들과 어울려 노는 데서는 사적인 관계가 중요하지만 일을 같이하는 데는 그것의 한계가 뚜렷한 법이다. 이 부분에서도 수많은 시행착오를 거치고 많은 대가를 지불해야 했다. 원하지는 않았지만, 무주 푸른꿈고등학교에서 시작하여 광주 지혜학교에 이르는 여정에서 부딪힌 어려움도 내 독단적 태도에서 기인한 면이 없다고 보기는 어렵다. 푸른꿈고등학교 설립 과정에서 어느 지인이 "김창수 선생은 남의 말을 찬찬히 경청해서 듣는데 결정은 혼자 한다"라고 말한 적이 있었기에 내게 그런 독단적인 면이 있다는 것을 처음으로 알게 되었다. 그렇지만 거기에서 벗어나는 일

---

12) 공자는 『논어』, 위정편에서 "학이불사즉망하고 사이불학즉태(學而不思則罔 思而不學則殆)"라고 말하는데 그것은 상호교류 없이 자기 생각에만 빠진 사람들은 자의적이고 독선적일 위험성이 크다는 것을 뜻한다.

이 그리 쉬운 일은 아니었고 거쳐 오는 길목마다 나의 그런 점을 의식하였지만 쌓인 업식이 쉽게 소멸되지 않았던 모양이다.

8. 엉성한 끝맺음

40대 이후 내가 스스로 부과한 삶의 과제 중 하나는 어떤 일을 시작하면 가급적 끝까지 하는 것이다. 사람이 기존의 틀이 부과한 어떤 큰일을 그만둔 경험을 하고 나면 그다음부터는 다른 일도 그만두기 쉬워진다. 가족들의 반대에도 기를 쓰고 초등학교를 그만둔 경험을 하고 난 이후 내게는 어떤 일을 시작하고 그만두는 것이 손바닥 뒤집기보다 더 쉬운 일이었다. 오히려 내게 부족한 것은 시작한 일을 끝까지 잘 마무리하는 것이었다. 100일을 채워야만 곰이 사람으로의 질적 변화를 이룰 수 있다는 단군신화가 내가 귀 기울여 들어야 할 이야기이다.

특정한 일을 하고 있는데 매력적인 새로운 일이 구상될 때 그것으로 향하는 마음을 억제하기란 쉽지 않다. 새로운 일을 구상하는 것이 주는 흥분과 희열이 얼마나 달콤한지 경험해 본 사람은 알 것이다. 그러나 마무리를 잘하는 사람이 느낄 수 있는 안온한 만족감도 결코 무시할 수 없다. 그래서 '시작한 일은 그 끝까지 마무리하자'라는 것이 내 과제가 된 것이다.

자유로운 기질을 가지고 있거나 상상력이 뛰어난 사람들은 다른 사람들이 보기에 불성실하고 책임감이 부족해 보이기 쉽다. 이런 부류의 사람들은 일을 쉽게 시작하고 쉽게 그만두는 경향이 있다. 반면 규범적이고 성실한 사람들은 답답하고 융통성이 없어 보이지만 한번 시작한 일은 끝까지 해내는 저력을 발휘한다. 사람마다 기질이 다르지만, 자신에게 부족한 것들을 채워나가는 노력은 결코 부끄러운 일이 아니다.

9. 의존적 존재

성장기에 맞게 삶을 자립해가는 지식과 기술과 기능을 익혀야 한다. 그러나 나는, 원하는 것을 다 충족시켜주는 형·누나와 자라다 보니 구체적으로 내가 몸으로 할 수 있는 기술적인 것이나 기능적인 일을 배우고 익힐 필요가 거의 없었다. 게다가 인문계 고등학교를 나와 인문학 공부를 하였기 때문에, 학교에서 배울 수 있는 기술과 기능을 익힐 기회를 갖지 못했다. 그래서 지금도 여전히 다른 사람들의 도움 없이는 내 개인적 일상도 유지하기 힘들다.

나는 내가 갖고 있지 못한 능력을 다른 사람들로부터 빌어다 쓰는 데 아무런 주저함이 없다. 반대로 혹 다른 사람들이 내 능력을 사용하고자 할 때도 거리낌 없이 내어준다. 그것은 '가능한 것' '불가능한 것'의 영역으로 내 능력이 확연히 구분되는 데서 오는 자연스러운 선택의 결과이다. 모든 것을 두루 잘하는 사람이 있고, 특정한 것은 잘하는데 나머지 것들은 잘못하는 사람이 있는데, 나는 전형적인 후자 형이다.

관계능력이 부족하고 독단적인 데다가 끝맺음을 잘하지 못하는 약점도 가지고 있고 일상생활에 필요한 능력도 부족한 내가 앞장서서 일하면서 얼마나 많은 사람이 고통을 당했을까, 얼마나 비효율적으로 일을 하였을까, 하는 생각을 본격적으로 하게 된 것은 무주푸른꿈고등학교를 만들면서부터이다. 부족한 능력 중 개인적으로 극복해야 할 것들은 내 결단으로 극복이 가능하겠지만, 다른 사람들의 도움이 절대적으로 필요한 일에서 내가 선택할 수 있는 일의 방식은 원하든 원하지 않든 '함께 일하는 것'이었다.

나는 학교거부로 잃은 것보다 얻은 것이 더 많았다. 무엇보다도 큰 것은 정범모식 교육관, 즉 '교육은 인간행동의 계획적 변화'라는 제품 생산식 교육의 틀에 갇히지 않아 유아기와 소년기의 상상력을 많이 훼손당하지 않았다는 점이다. 또한 '하기 싫은 것을 안 할 자유'와 '하고 싶은 것을 할 자유'를 분별하고 실행할 수 있는 근기가 길러졌다. 학교를 거부하고 싶은 욕망을 관철했고 학교 밖에서 하고 싶은 것들을 맘껏 하면서 뛰놀았다. 그러나 학교를 거부하던 욕망을 꺾으며 다시 학교로 돌아간 것은 '하기 싫은 것도 할 줄 아는 자유'는 알았던 사건이지만 '하고 싶은 것을 안 할 자유'의 경지에 이르는 데는 많은 세월이 필요하였다.

2부

선생으로 살면서
선생을 찾아온 세월

1장

누가 너더러 선생 되라 하였느냐?

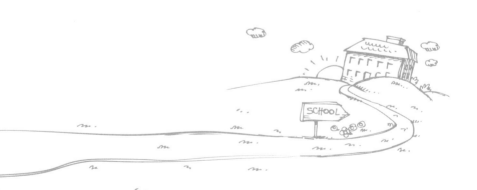

•

"김창수! 누가 네게 선생 되라 하였느냐? 아이들에게 물어보고 선생이 되었느냐? 사람들이 네가 선생이 되면 좋겠다고 말하였느냐? 선생이 무엇인지나 알고 선생이 되었느냐?"

나는 고등학교를 졸업할 때까지 단 한 번도 선생이 될 생각을 해본 적이 없다. 그런데 어쩌다 보니 보육원(고창 행복원) 야학 선생을 시작으로 광주 지혜학교에 이르기까지 40여 년 넘게 선생으로 살아왔다. 그 여정에서 여러 형태의 학교와 관련을 맺게 되었는데 거기에 평행하여 내 교육사상도 변화해 왔다. 그것은 기독교 박애주의(고창 행복원) → 자유주의 교육사상(장성 삼동고등공민학교) → 비판적 역사의식교육(서울 중앙고등학교) → 대안교육·생태교육(무주 푸른꿈고등학교, 담양 한빛고등학교, 함양 녹색대학교) → 지혜교육(광주 지혜학교)의 순이었다. 그리고 그 과정은 이전의 교육사상을 폐기하지 않고 그것들을 순차적으로 통합하면서 융섭融涉 해오는 과정이었다.

1. 기독교 박애주의: 고창 행복원
(1차 1977.11.~1978.12., 2차 1980.6.~1982.2.)

사회복지시설(이하, 시설) 밖 사람들은 시설 안의 생활을 제대로 알기 어렵다. 시설의 폐쇄성과 배타성[13]으로 인해 그 안에서 살고 있는 사람들의 인격적 특징과 수용자들이 당하고 살아가는 인권 침해의 전모를 쉽게 파악할 수가 없다.

야학 선생

내가 맨 처음 교육활동을 하게 된 계기는 보육원(고창 행복원)[14] 아이들과 마주치고 나서부터다. 당시 나는 고등학교를 갓 졸업하고

---

13) 시설에서 폐쇄성은 주로 운영자들 측면에서 발생하고, 배타성은 시설 운영자들로부터 자신에게 돌아올 불이익을 생각해서 시설 안의 정보나 상황을 노출하는 것을 꺼리는 수용자들에게서 발생한다.

14) 우리나라 보육원은 한국전쟁으로부터 시작되었다. 부모를 잃은 전쟁고아들을 수용할 사회적 필요성과 종교적 박애주의 사상이 결합하여 보육원이 탄생한 것이다. 종교인들은 고아들의 상황을 딱하게 여겨 무연고 아이들을 보호할 수 있는 시설을 만들어야 한다고 생각하였고, 지역의 유력자들은 사회문제를 일으키는 아이들을 자신들의 통제권 안에 둘 수 있는 장치가 필요하다고 생각하여 보육원을 만들게 된 것이다. 전쟁이 끝난 이후 1980년대 내가 보육원에 들락날락할 무렵에는 완전 고아와 연고 고아의 비율이 반반정도였다. 연고가 있는 경우에도 부모의 이혼, 수형 생활, 질병, 부양능력 부재, 학대 등으로 인해 연고가 없는 것과 크게 다르지 않았다.

전북 고창에서 공무원 생활을 하고 있었는데, 교회에 오고 가면서 교회 옆에 소재한 보육원 아이들을 자주 보게 되었다. 그러면서 보육원 아이 중에 중학교를 졸업하고도 고등학교에 진학하지 못하였거나 중학교에 다니긴 해도 학교 공부를 잘 따라가지 못하는 아이들이 많다는 것을 알게 되었다. 1977년 늦가을부터 1978년 초겨울까지 퇴근 후 저녁 시간을 이용하여 일주일에 세 번씩 아이들과 만나게 되었다. 아이들을 가르치는 일이 상당히 재미가 있었고 그 아이들과 상당히 친하게 지냈다.

그러나 아이들을 가르치는 일은 내가 누군가를 가르쳐 보고 싶어서 시작한 일은 아니었다. 다만 내가 믿는 예수가 이웃을 사랑하라고 하였는데, 내가 가진 것을 보육원 아이들에게 조금이라도 나누어주는 것이 사랑이 아닐까 하는 막연한 기독교 박애주의 사상이 나를 야학의 길로 이끈 것이다. 다행히도 마침 내게는 영어와 수학 등 전 교과목을 가르쳐 줄 수 있는 능력이 있었다.

그러다 공무원을 그만두고 전남대학교에 진학하게 되었는데 그때 교회학교에서 선생을 하게 되었다. 보육원 아이들을 가르칠 때보다 더 재미가 있었다. 무엇보다 의미가 있었던 것은 초등학교 저학년 아이들의 초롱초롱한 눈망울이 나를 비추는 거울 같아서 나 자신을 돌아보게 한다는 점이었다. 교학상장敎學相長이라더니, 생애 처음으로 가르치면서 배우는 경험을 하게 되었다. 그러나 그때도 선생으로 살고 싶다거나 선생이 되겠다는 생각이 있었던 것은 아니다.

1980년 6월에 여러 가지 이유로 전남대학교 상과대학을 그만두고 다시 고창 행복원으로 돌아가서 이번에는 야학 선생이 아닌 총무 역할로 아이들을 만났다. 당시에 나는 보수적 기독교 신앙에 심취한 상태였는데, 어떻게 사는 것이 예수의 제자가 되는 길일까를 고민하던 중이었다. 당시 교회에서는 아프리카의 성자라고 불리는 슈바이처 같은 사람 이야기가 통용되고 있었는데 나도 그렇게 살아보고 싶다는 생각을 하고 있었다.

구호사업주의적 시각

보육원 총무 생활은 두 가지 측면에서 거의 실패작이었다. 하나는 내 의식 수준의 저열함에서 기인한 것이었고 다른 하나는 보육원 원장과의 갈등 때문이었다. 당시 내 의식 수준은 아이들을 돕는 데 있어서 동정심에 기반을 둔 구호사업주의 수준에 머물러 있었다. 구호사업주의는 어려움에 처한 사람들을 돕는다는 측면에서는 긍정적인 면이 있지만, 그것은 도움을 받는 자들을 철저하게 대상화시켜서 바라본다는 측면에서는 부정적이다. 구호사업주의의 오류는 도와주는 자와 도움받는 자가 따로 있다는 이분법적 결정론에 있다. 구호사업주의자들은 이 세계에는 서로 넘어가거나 융합되기 어려운, 돕는 자와 도움받는 자의 두 부류의 인간이 세계에 결정되어 존재한다고 본다. 그들은 고난의 원인이 어디에 있는지 그리고 그 고난이 어떤 인과적 결과인지를 따져 묻지 않는다. 그들은 고 난의 원인을 묻는 사람들을 불온시하거나 배척하려 든다. 설혹 그 들이 고난에 대한 원인을 묻는다 하더라도 고난에 처한 사람들 각 자의 나태나 무능, 무절제 등에서 그 원인을 찾는다. 그래서 그들의 구호라는 것은 어려운 자에 대한 동정을 넘어서지 못하는 일방적·지배주의적 관점에 기초할 수밖에 없다. 당시 나는 동정이 그것을 받는 사람들을 수치스럽게 할 수 있고 수동적인 수혜자로 고착시킬 수 있다는 점도 아예 모르고 있었다.

또한, 나는 아이들을 대상화시켜 바라보고 있었다. 내가 믿는 신 으로부터 칭찬받는 데에 있어서 아이들을 내 선행의 수단으로 바라 보고 있었던 것이다. 물론 거기에는 예수의 사랑이라는 포장이 뒤 따랐다. 나는 상구보리上求菩提 하화중생下化衆生[15]에는 턱도 없이 모 자란 무지몽매한 중생이었다. '엠마우스' 장애인공동체를 설립하여 활동한 프랑스의 장 바니에 신부[16]처럼, 자기 성찰을 끊임없이 해도 계속해서 되살아나는 자의식에 휘둘릴 판에 턱도 없이 모자란 의식 수준으로 보육원 생활에 뛰어든 것이다.

보육원 밖에서 야학 선생으로 아이들을 만나는 것과 그 안에서 총 무로 만나는 것 사이에는 큰 차이가 났다. 보육원으로 돌아갈 때는 아이들과 공부도 함께 하려는 마음이었는데, 그런 내 의식 수준으

---

15) 불교의 상구보리 하화중생을 기독교식으로 말하면 하느님 사랑, 이웃사랑이다.

16) 장 바니에는 『희망의 문』에서 "어쩌면 나는 진정으로 그들(장애인공동체 구성원들)을 사랑한 것이 아니라 내가 그들을 사랑하고 있다는 내 의식을 사랑한 것인지도 모른다" 라고 적고 있다.

로는 정상적인 교육적 접근이 불가능하였다. 보육원을 오가다 돕는 관찰자나 협조자로서가 아니라, 보육원 안에서 아이들과 생활하고 지도하며 살아야 했기 때문에 예전에 영어와 수학 등의 교과를 가르칠 때와는 상황이 아주 달랐다. 점점 아이들을 교화와 통제와 관리의 대상으로 바라보게 되면서 예전에 좋았던 아이들과의 관계마저 악화하였다. 물론 내게도 그럴 만한 변명거리가 있었다.

시설병[17)]

보육원 생활은 아이들에게나 종사자 모두에게 큰 트라우마를 남긴다. 시설 안 사람들은 종사자나 수용자 모두 시설병을 앓을 가능성이 크다. 일 년 중 아이들이 가장 힘들어하는 때는 명절이다. 명절이 되면 아이들 대부분은 잔치 분위기에 휩싸이고 정다운 가족을 만나고 새로운 옷도 얻어 입고 용돈도 타는데, 보육원 아이들은 그럴 처지가 아니기 때문에 명절이 슬프게 각인되는 경우가 많다. 또 명절이라고 찾아오는 사람들이라야 사진을 찍어야 할 필요가 있는 경우가 대부분이라서 아이들에게는 그런 사건들이 자신들과는 무관한 시큰둥한 일일 뿐이었다. 어차피 선물은 시설관리자들이 관리하고 자신들에게는 부스러기만 돌아올 것을 뻔히 알고 있었기 때문이다. 그런 경험의 반복은 아이들에게 냉소적 태도를 형성시킨다.

---

17) 사회복지시설에서 '시설병(hospitalism)'이란 시설에 오래 갇혀 생활함으로써 발생하는 부작용으로 언어나 지각 능력 발달 장애, 감정이나 가치판단의 왜곡 현상을 말한다.

보육원 아이들은 누구와 싸웠을 때 편들어 주는 형·누나도 없고, 앓아누웠을 때 밤새워 간호해주는 엄마도 없고, 어려운 일을 당했을 때 맹목적으로 지지를 보내주는 할머니·할아버지도 없기 때문에 보통의 아이들이 갖는 정서적 충족감을 느끼기 몹시 어렵다. 위와 같은 경험들이 반복되면서 아이들의 시설병이 깊어 간다.

  시설병은 불감증이나 무감각증 그리고 무책임성과도 연관이 있다. 한번은 출장을 갔다 돌아와 보니 비가 내리는데 빨랫줄에 여학생들 빨래가 그대로 널려 있었다. 비가 내리는 현장을 목격한 아이들이 자신의 빨래는 걷어 가면서도 그 자리에 없던 아이들의 빨래는 그대로 두고 간 것이다. 남자아이들도 별반 다르지 않았다. 한번은 남자아이들에게 용돈을 스스로 마련하게 할 요량으로 토끼를 기르게 한 적이 있다. 처음에 아이들은 자신의 몫으로 배당된 토끼에게 풀을 뜯어다 먹이면서 즐거워하였지만, 시간이 지나면서 게으른 아이들은 토끼를 방치하는 경우가 많았다. 그럴 때 책임감이 강한 아이는 자기 몫의 토끼에게는 밥을 주지만 게으른 아이 몫의 토끼에게는 밥을 주지 않았다. 식사 시간에는 밥을 다 먹을 수 없는데도 늘 밥을 많이 퍼서 먹다 남기고, 학교에서 밀린 등록금을 독촉하면 보육원으로 돌아와서 관계자에게 그런 사실을 통보하면 그만이었다.

  이런 일들은 일반 가정에서는 도저히 일어날 수 없는 것들이다. 비가 내리면 먼저 보는 사람이 빨래를 걷고, 형제의 토끼가 굶주리면 부지런한 아이가 툴툴거리면서도 다른 형제의 토끼에게 밥을 주게 된다. 밥도 적당량만 먹고, 집이 가난해서 등록금을 못 내면 학교에서 개기든가 아니면 부모님 형편 보아가며 슬쩍 말을 꺼내는 것이 일반적인 아이들의 모습이다.

그런데 보육원 아이들은 그런 기본적 공감과 공동체 의식이 건전하게 형성될 기회를 박탈당하고 산다. 그래서 아이들은 쾌·불쾌快·不快, 고락苦樂, 이익과 손해 두 가지의 감정 표현이 극대화되고 나머지 정서인 기쁨과 슬픔, 감사와 고마움, 안타까움 등의 정서가 메마르게 된다. 당시에 나는 그런 상황을 목격하면서 그런 아이들을 도저히 이해할 수 없었다. 아이들이 왜 그런 행위를 하는지에 대해 이해하고 안쓰러워하고 치유해주고 싶어 하기보다는 아이들을 비난하고 꾸짖고 때리기도 하였다. 그러면서 고작 했던 생각이 가급적 아이들을 시설에 두지 말고 입양이나 위탁가정 형태인 사회적 가정에서 키울 수 있으면 좋겠다는 것이었다. 일반 가정에서 성장한 내가 고아로 버려진 아이들을 이해하기에는 그 간극이 너무나 컸다.

시설 종사자들도 시설병에서 자유롭지 못하다. 20대 중반에 1년 9개월 동안 종사자로서 보육원 생활을 한 나도 인간으로서의 기본적 정서가 메말랐음을 느꼈고, 30대 중반까지도 보육원에서 경험한 일들로 인해 악몽에 시달려야 했다. 사람이 어떤 긴장된 상태나 끔찍한 일에 오래 노출되어 있다 보면 그 생활에 익숙해져서 감각이나 판단이 둔감해진다. 보육원도 거기에서 예외가 아니다. 한번은 아이들이 자기들끼리 전자오락실에 가자고 하길래 돈이 어디서 나서 가느냐고 물었더니 그냥 웃기만 하였다. 후에 알고 보니 '전자오락실'은 보육원에 새로 들어오는 아이들이 치르는, 감옥으로 말하면 일종의 입방식 비슷한 것이었다. 새로 들어온 아이는 보육원 안의 질서를 잘 몰라서 밖에서 하던 대로 행동하게 되는데 그 지점에서 기존의 아이들, 특히 나이가 더 많은 선배들의 눈 밖에 나게 된다. 그럴 때 기존 아이들 중 새로 들어온 아이보다 선배 되는 아이가 그 아이를 으슥한 곳으로 데리고 가서 그 아이의 후배들로 하여금 두들겨 패도록 해서 기를 죽이는 행사가 '전자오락실'이었다. 새로 들어온 아이 입장에서는 후배들에게 두들겨 맞기 때문에 일반적인 폭력보다 더 깊은 내상을 입게 된다. '전자오락실'의 전모를 알게 된 후에 처음에는 놀라서 그러지 말라고 주의시켰지만, 시간이 지나면서 원 운영에 필요한 과정이라고 받아들이게 되었다. 내 안에 도덕 불감증과 같은 시설병이 자라났고, 그것에서 벗어나는 데 오랜 세월이 걸렸다.

원장과의 갈등

보육원 원장과의 갈등도 내 보육원 생활을 파국으로 몰아갔다. 교회 권사였던 원장은 자신의 신앙고백에 따라, 빚에 쪼들려 파산 직전인 보육원을 새로 인수하여 운영할 만큼 나름대로 사회적으로 헌신하며 사는 사람이었다. 그녀는 고창여중·고 앞에서 양장점을 하여 어느 정도 부를 쌓았는데, 문제는 보육원을 양장점 운영하듯이 하는 데 있었다. 실무책임을 맡은 내(총무) 입장에서는 양장점 회계와 보육원 회계를 분리해서 보육원 회계 실무처리를 해야 하는데, 원장은 양쪽 돈을 섞어서 사용하였다. 보육원의 실제 회계 처리와 상관없이 서류상으로 잘 맞춰 놓는 일을 해야 하는 것이 양심상 고통스러웠기 때문에 나는 실제 수입·지출대로 회계 처리를 하자고 말할 수밖에 없었다. 그런데 원장은 내가 자신을 공금을 횡령하는 사람으로 보고 있다고 심하게 화를 냈다. 그렇게 어정쩡한 반목 상태로 보육원 신축공사를 끝낼 때까지 갈등상태로 지내다 공사가 끝나 신축 건물로 이사를 해놓고 사표를 쓰게 되었다.

원장은 참으로 알뜰한 생활을 하는 사람이었다. 하루에 콩나물 3천 원어치가 필요하면 아침에 천 원, 점심에 천 원, 저녁에 천 원씩 사서 먹었고, 옷도 수십 년 같은 옷을 입었다. 그런데 문제는 보육원은 공적 단체인데 개인 생활처럼 자린고비 식으로 경영하려 한다는 점이었다. 한국전쟁 후 한국의 고아들을 돕기 위해 해외에서 원조를 많이 해왔는데 그중 하나가 아이들과 개인 결연 후원을 맺는 제도다. 내가 보육원 총무를 할 당시에도 미국의 '컴패션'이라는 원조 단체 회원들이 우리 보육원 아이들과 후원 관계를 맺고 있었다. 후원자 중에서 누가 간혹 생일 선물금膳物金을 보내오면 반드시 생일잔치 사진을 찍어 고마움을 표시하는 편지와 함께 후원자에게 보내야 했다. 문제가 된 것은 생일 사진이었다. 원장은 케이크를 사는 것이 낭비라 생각하고 사주지 않았기 때문에 내 돈으로 사서 아이들 생일잔치 사진을 찍기도 하였지만, 간혹 제과점에서 케이크를 빌려와 사진을 찍고 바로 돌려줘야 하는 경우가 있었다. 제과점 주인에게도, 아이들에게도 비웃음거리가 되는 그런 짓을 해야 하는 총무 짓은 시쳇말로 '쪽팔리는' 배역이었다. 보기에 민망했던지 내가 제과점에 가면 제과점 주인이 알아서 기부하는 형식으로 케이크를 주곤 하였다.

내가 계란탕이나 두부국 그리고 콩나물국을 잘 먹지 않게 된 것도 당시의 경험이 작용한다. 아이들 78명에 종사자들까지 총 90명에 가까운 식구가 먹을 국에 넣을 계란이나 두부 등은 마음먹기에 따라 그 양을 얼마든지 조절할 수 있다. 계란 몇 개를 넣어 끓인 국에다 물과 소금만 더 넣으면 90명이 먹을 수도, 100명 넘게도 먹을 수 있었다. 어느 날 구미에서 군대 생활을 하던 선배가 보육원으로 나를 찾아온 적이 있는데, 점심을 먹자고 했더니 밥을 먹고 왔다고 했다. 나중에 그 선배는, 당시에 아이들이 식당에서 먹는 밥을 보고서 차마 밥을 먹을 수가 없었다는 말을 했다. 알뜰하다 못해 아이들 생활비까지 아끼는 원장과의 불화는 재직기간 내내 갈등으로 작용하였다.

이런 일이 고창 행복원에서만 이루어지는 것은 아니었다. 1980년 당시 전라북도에는 보육원, 양로원, 지적장애인 시설 등 18개의 사회복지 시설이 있었는데, 그중에 16개의 시설을 종교단체나 종교인이 운영하고 있었다. 그런데 그들 중 많은 원장이 못 해먹겠다는 이야기를 공공연하게 하였는데, 그 이유는 정부의 관리체계가 점점 정비됨에 따라 예전보다 수입이 많이 줄어들었기 때문이었다. 그러나 당시까지만 해도 원장들은 원생들에게 나오는 정부 지원비를 가로채는 것은 물론이고 인권유린, 성폭행 등을 저지르고 무소불위의 권력을 행사하는 등 원생들에게는 생사여탈권을 가진 신이나 다름없었다.

개인이 선하면 사회가 선할 것이라는 천진난만한 생각을 가지고, 나라도 선행을 하면서 살아야겠다는 결단을 내리고 보육원에 부임하였는데, 보육원의 경험은 개인의 선한 의지만으로는 사회를 바꿀 수 없다는 것을 알게 해주었다. 또한, 신앙을 갖고 산다는 것이 자칫 자신의 이익을 '신'으로 대체해놓고 그것을 숭배하면서 사는 것일 수 있다는 것도 알게 해주었다.

아이들과의 생활

내가 보육원 총무로 부임하여 맨 처음 한 일은, 전임 총무가 확정해 놓은 초등학교 3학년 여자아이를 서울로 입양시키는 일이었다. 울며 따라가지 않으려는 아이를 억지로 떼어 놓는 일이 가슴을 먹먹하게 했지만 그래도 새 부모를 만나 행복하게 살기를 바라는 마음에서 입양시키는 일을 감내하였다. 그런데 입양 부모들이 몇 달이 지나도록 서류를 꾸며주지 않아서 여러 번 전화로 독촉하였다. 겨우 나타난 입양 엄마와 고창터미널 다방에서 아이에 관한 이야기를 주고받다가 서류를 건네받고 나오는 나에게 그녀가 봉투 하나를 내밀었다. 마치 이것 때문에 전화질하지 않았느냐는 듯한 비웃음 섞인 표정이었다. 순간적으로 그 봉투를 받아야 할지 말지 망설이게 되었다. 그때 영양실조로 부스럼이 난 우리 아이들이 생각났고 등록금이 없어 고등학교에 진학하지 못한 여학생들도 생각났다. 그 봉투를 받고 돌아서면서 '어쩌면 내 인생이 이런 방식으로 흘러갈 것 같다'라는 생각을 하였다. 자식들이 굶어 죽어 가는데 몸인들 못 팔겠느냐는 소설 속 어느 과부의 절규도 생각이 났다. 나는 그 자리에서, 나 자신의 순수성을 지키다 자신은 물론이고 조직마저 훼파하는 짓은 하지 않고 살아야겠다는 결심을 하였다. 이것이 이후 학교를 세 번 세우고 시민단체 일을 하는 동안 있었던 일곱 번에 걸친 내 동냥질의 서곡이었다.

초등학교 저학년 아이들은 보모가 새로 오면 오줌을 싸댔다. 또 5학년 남자아이 하나는 철봉에서 떨어져 양팔이 부러져 친구들이 밥을 먹여주고 똥도 닦아주고 온갖 시중을 들었는데, 알고 보니 진즉 팔이 나았는데 여전히 아픈 시늉을 한 거였다. 이 모든 것이 애정 결핍에서 오는 현상인 줄 잘 알기 때문에 보모들은 아무 말 없이 오줌 묻은 이불 빨래를 하였다. 보모들에게는 미안한 일이지만 나도 아이들을 크게 나무랄 수가 없었다.

원아 입소 과정에서도 참 눈물겨운 경우가 많았다. 어느 날 한 아주머니가, 아이 이모라고 하면서 6살짜리 꼬마를 데리고 와서 아이를 받아달라고 하였다. 그런 경우에는 연고를 확인하는데, 법적으로는 연고가 있는 아이들의 입소는 불법이었기 때문이었다. 아이도 "이모, 이모" 하면서 즐겁게 놀다가 이모라고 불리는 아주머니가 돌아가려고 사무실 문을 나서자 "엄마!" 하고 울음을 터트렸다. 이런 경우 우리는 서로 모른 체할 수밖에 없다. 젊은 여자가 오죽했으면 자기 자식을 조카라고 데리고 와서 보육원에 맡기려 할까 하는 생각에서다. 아이들의 고통은 대부분 어른들의 잘못에서 온다. 질병이나 장애로 인해 부양하기 어려운 경우도 있지만, 이혼, 수형 생활, 노름, 알코올이나 약물 중독, 폭력과 학대 등으로 인한 아이들의 고통은 전적으로 어른들 책임이다.

원 생활에서 아이들이 등교할 때는 신발이나 양말 쟁탈전이 벌어졌다. 자기 신발이나 양말을 잘 간수하는 아이는 괜찮지만, 행동이 굼뜬 아이는 동작 빠른 아이가 먼저 신고 학교에 가버리기 때문에 나머지 신발 중에서 짝짝이 신발을 신고 가기도 하고 그것마저 차지하지 못하면 맨발로 나서기도 하고 울며 질질 짜기도 한다. 그런 모습을 보면 가장 큰형 노릇을 하던 고3인 '현종'이라는 학생은 자신이 신고 있던 양말을 동생들에게 벗어주며 학교 가라고 하곤 하였다. 현종이는 초등학교 저학년 때 쌍둥이 동생과 함께 엄마와 떨어져서 보육원에 와서 자란 아이였다. 열악한 환경에서도 늘 유머를 잃지 않았고 현실에 대한 해학적 표현에 능숙한 아이였다. 속이 깊고 포용적이어서 동생들이 믿고 의지할 수 있는 맏형이었다. 그런 현종이가 대학교 4학년 때 백혈병으로 죽었다.

현종아![18]

유복자 쌍둥이 중 무녀리 현종아!
네 한 어쩌라고 서둘러 갔느냐?
잡놈 형 술 등쌀에 가난 더하여
열 살 때 어미 떨어져 보육원에 왔지
쌍태아 동생과 서로 힘 되며
눈칫밥 매 밥 눈물 콧물 밥
맨밥에 장 찍어 질긴 세월
군대보다 기강 퍼런 행복원에서

때가 차 큰형 자리 네게 돌아와도
아우들 가엾다고 손찌검 한 번도 아꼈지
매일 아침 어김없는 수십 명 등교 전쟁에
짝짝이 양말이나 구멍 난 신발도

---

18) 1986년 가을 현종이가 백혈병으로 죽고 난 후 8년이 지난 1994년에 쓴 추모시다.

동작 굼뜬 놈 완력 약한 놈 요령 없는 놈

그나마 차지 못해 애를 태웠지

넌 그때 가장 어린 동생 불러다가는

신고 있는 긴 양말 벗어주며 학교 가라고

아픔을 알기에는 어린 나인데

사랑을 뺏기고도 사랑을 아는

맨발로 학교 가는 너를 보고서

알면서도 넌지시 물어보았지

'다 큰 남자 새끼가 뭔 양말이다요!'

울컥 치미는 분노로 끝내는 마주 보며 굳게 쥔 주먹

구멍 난 신 바닥에 질퍽한 황톳길

동지섣달 두고두고 살을 에이었지

네 술동이 형 노상서 거꾸러져 자다

한겨울 긴 밤 얼어 죽었을 때에

관 살 돈이 없어 가마니에다

형 시신 둘둘 말아 지게에 지고

쌍둥이 단둘이서 언 땅 파구선

한 한 자락 흙 한 삽 겹겹이 묻었지

출장 갔다 소식 듣고 달려가 보니

나 붙잡고 피눈물을 흘리더니만

네 동생 곁에서 울음 삼키고

네 엄니 멍하니 벽만 쳐다보고

대학 간다고 두 가슴 활짝 펴고선

하지만 가진 것 두 쪽 언덕이 있나

하루 한 끼에 운 좋으면 두 끼

눈 붙이는 곳 여기저기 가릴 게 없으면서도

이 땅 이 역사를 능욕하는 자 누구냐고

맨 앞서 소리치며 나서더니만

학사모 한 학기 남겨 놓고선

뭐에 그리 급하다고 그리 갔느냐?

형, 도움이 필요한 사람들과 함께 살래요

신이 사랑하는 자 빨리 죽는다고

현종아, 그렇게 정말 갔느냐?

백혈병도 원수지만 가난이 더 웬수여

어린 자식 떼어 보육원에 보낸

네 엄니 가슴은 어이 하라고

네 애인과 죽고 못 살더니만

22살 어린년에게 주검을 남기고

너 가고 8년째 이제사 추모시를 쓰는데
이 땅에 너부러진 작은 사람들
어쩌면 너 닮아 지천 아니냐
너 남긴 일들은 그들과 내가
이제 구천을 떠돌며 지켜보거라

'영철'이와 '미애' 이야기도 빼놓을 수가 없다. 그 아이들이 내 인생의 나침판을 결정적으로 돌려놓았기 때문이다. 1981년 가을 전주에 전주자림원이라는 장애 시설이 개원하였다. 당시 전북에는 장애아동 시설이 없었는데 전주자림원이 문을 열면서 전북에 흩어져 있는 장애아들을 그곳으로 모았다. 우리 행복원에서는 영철이와 미애가 거기에 해당하였다. 영철이는 중복장애(지적장애와 지체장애)였고 미애는 몽고리즘(다운증후군)이었다. 두 아이를 자림원에 데려다주러 갔는데 그 현장에서 목격한 아이들은 우리 미애와 영철이보다 상태가 훨씬 심각했다. 거기서 홀트아동복지재단에서 승합차에 싣고 온 아이들을 보게 되었다. 그 아이들은 신경회로에 문제가 있어 누에처럼 꿈틀꿈틀거리며 허공으로 손을 저어대는데 도저히 사람의 모습이라고 보기 어려웠다. 눈물이 저절로 나왔고 뒤돌아서 주먹을 불끈 쥐며 '이제 다시는 하늘을 보고 살지 않겠다'라고 다짐을 하였다. '저 높은 곳을 향하여' 찬송가를 부르며 지켜왔던 내 보수적 기독교 신앙과 단절하게 된 계기를 만난 것이다. 그러면서 신약성경 요한복음에 나오는 실로암 연못의 소경 생각이 났다. 제자들이 누구의 죄냐고 묻자 "저들의 죄도 아니고 조상들의 죄도 아니다. 하느님의 영광을 위함이다"라는 예수의 대답이 당시에는 도저히 용납되지 않았다.

누구의 죄입니까?[19)

소경된 자 누구의 죄냐고 물었을 때에
당신 영광 위함이라 말하였지만
실로암 연못은 눈 뜬 자 차지가 되어
눈 먼 자 계속해서 어둠이질 않습니까?

장님은 그래도 제 몸 추스릴 수 있고
제 생각 가지고 살 수 있다지만
죄 됨이 따로 있다더이까
혈육이 외면하여 홀로된 것도 섧은
병신 중에 상병신 제 몸도 가누지 못하고

---

19) 1981년에 목도한 참상을 삭이지 못하고 끌어안고 있다가 13년이 지난 1994년에서야 겨우 시를 쓸 수 있었다.

2부 1장. 누가 너더러 선생 되라 하였느냐?   101

제가 누구인지 물을 지력도 없이
폐기처분 기다리는 꿈틀꿈틀 버러지 아닌가요?

당신 형상 따라 사람 지었다는데
온갖 형태 병신이 당신의 모습인가요
인간이고서 똑바로 쳐다볼 수 없는
주르르 흐르는 눈물 뒤돌아서서
다시는 하늘을 보고 살지 않겠노라고
두 주먹 빈 하늘로 내지르며 긴 시간 지나왔지만
너무도 안타까워 발 구르며 짓던 한숨 어이 말할까

흐트러진 세월 이제야 알 수 있을 것 같아
당신은 장님인 채로 나 만나기 원하였고
나의 관심 나의 나눔 기다렸는데
그곳 그 자리에 당신 영광 왜 몰랐을까?
실로암 막아서는 자가 나인 것을 몰랐던 것도
당신에겐 커다란 슬픔이었던 것을

하지만 그래도 삭이기 어려운 외침은
주여, 저들의 죄는 정말 아니옵니다

보육원 생활을 그만두고 난 후 몇 년이 지나서야 겨우 예수가 고아와 장애인 등의 소수자로 내게 다가온 것을 알게 되었다. 그들을 하느님으로 볼 줄 아는 시각은 그리 쉽게 얻어지는 것이 아니었다.

보육원은 시설 밖 사람들이 평생 겪을 만한 사건들을 몇 년 안에 압축적으로 경험할 수밖에 없는 곳이다. 수평적인 시간의 흐름을 따라 살 수 있는 곳이 아니라 수직으로 솟구치는 파도 같은 시간을 따라 살 수밖에 없는 곳이기 때문이다. 파도의 골과 마루 그리고 양 옆면들 켜켜이 서사를 새기며 살아야만 하는 곳이다. 처음 의도와는 달리 보육원 총무로 생활하며 교육활동을 할 수는 없었지만 대신 많은 것을 배울 수 있었다. 내 내면의 성스러움과 추악함이 격렬하게 충돌하는 가운데 그것이 사건들로 표출되어 나 자신의 민낯이 드러나게 되는 경험을 수도 없이 하게 되었다. 사회복지 분야에는 성직자들이 많았는데 목사나 장로, 권사 등의 사회복지 사업가들이 그 직책과 비례한 인격을 가지고 있지 않은 사실도 수없이 목격하였다.

보육원 총무 생활은 내 인생의 좌표 셋을 뒤흔들고 부서놓았다. 그것은 내 '보수적 신앙의 폐기'와 '사회적 모순에 대한 자각과 그것을 극복하기 위한 대안의 필요성 자각'과 '공적 가치를 위한 무릎 꿇기'였다. 물론 아직도 여전히 한신韓信과 같은 무릎 꿇기에는 한참이나 멀었지만 말이다.

2. 자유주의 교육사상: 장성 삼동고등공민학교
  (1983.3.~1986.2.)

내가 본격적으로 선생이 되어야겠다고 마음을 먹은 것은 1983년 3월 전남 장성군에 있는 삼동고등공민학교(중학교 과정, 이하 삼동중학교) 교사를 하면서부터다.

빈곤에 찌든 아이들

한국전쟁이 끝난 후, 교육받고자 하나 등록금을 제대로 납부할 수 없는 아이들을 모아 검정고시를 치를 수 있게 도와주는 학교가 고등공민학교였다. 그 계통의 학교는 교육부 장관이나 교육감이 아닌 시도지사(지금의 광역자치단체장)가 허가한 학교로서, 교사 자격증이 없어도 선생을 할 수 있었다. 전남대학교를 중퇴한 내게 선생이 될 기회가 찾아온 것이다.

삼동중학교는 한 학년당 한 학급씩, 세 학년 학생 총 120여 명이 재학 중이었는데 내가 부임할 당시에는 고등공민학교가 거의 없어지는 추세였다. 공교육에서 생활보호대상자 자녀들을 중학교까지 무상으로 교육하고 있었기 때문에 가난한 아이들이 더 이상 검정고시에 부담을 느끼는 삼동중학교에 진학하지 않게 되었기 때문이다.

실제로 내가 부임한 후 그 학교는 더 이상 신입생을 뽑지 않아 1986년 2월 말에 폐교되었다.

삼동중학교에서도 보육원에서와 마찬가지로 교장의 횡포와 전횡에 맞닥뜨렸다. 거기서 나는 우리 사회에서 조직을 장악하고 있는 원장이나 교장 등이 자행하는 권력 독점을 견제하는 것이 얼마나 어려운 일인가를 뼈아프게 느꼈다. 조직이나 단체에서 명분을 쥔다는 것은 다 가진 것과 마찬가지임을 알게 되었는데, 이러한 모순을 어떻게 극복할까에 대한 고민을 하면서 사회과학 공부를 해야겠다고 생각하였다. 사회 구조적 모순을 척결하지 않고서는 아무리 개인이 선한 의지를 가져도 도로아미타불이라는 것을 현장에서 깨달으면서 사회개혁에 대한 필요성을 절감하게 된 것이다. 후일에 그것이 나를 서양사학과 공부로 이끌었다. 1980년대 당시 학생들이 사회 구조적 모순에 대해 학습을 먼저 하고 그것을 개혁하려는 운동을 하였는데, 나는 거꾸로 현장의 모순과 직면하면서 그 모순을 타파하기 위해 학습의 절대적 필요성을 느꼈다.

사회적 모순 극복의 대안을 찾도록 나를 이끈 것에는 우리 학생들이 안고 살아가는 빈곤의 악순환 문제도 있었다. 가난에 찌들어 사는 우리 학생들은 검정고시를 통과하거나 학교를 졸업한 후에 주로 마산이나 부산 등의 산업체에 취직하였다. 그중 열정이 있는 아이들은 그곳 산업체에서 운영하는 야간 학교에 다니기도 하였다. 공장 생활을 하며 학교에 다니는 것이 쉽지 않았기에 중도에 학교를 포기하는 아이들이 많았고 어떤 여학생들은 술집으로 가는 경우가 종종 있었다는 것을 삼동중학교가 폐교될 무렵에야 알았다. '절망스러운 사회를 어떻게 바꿀 수 있을까?' '내가 어떻게 해야만 하나?'라는 생각이 나를 지배하였다.

새로운 학교의 꿈

삼동중학교에서 교육과 관련된 책을 처음 읽었는데, 그 책이 바로 니힐의 『섬머 힐』이다. 니힐[20]은 서구계몽 사상의 연장선상에서 인간 본성에 대한 낙관적 견해를 가진 교육자였다. 그는 영국식 자유주의 교육사상을 기반으로, 아이들을 그들이 욕망하는 대로 그냥 두라는 견해를 피력하였다.

『섬머 힐』 학교는 내게 큰 충격이었다. 아이들이 하고 싶은 대로 두면 아이들은 저절로 잘 자란다는 니힐의 아동관이 통용되는 영국의 상황과 조건이 부러웠고, 나도 학교를 세워 교육활동을 해보고 싶다는 생각이 들었다. 그때부터 새로운 학교에 대한 꿈을 꾸기 시작했고 평생 선생으로 살아야겠다는 마음을 먹었다. 『섬머 힐』의 자유교육 사상은 후에 내가 대안교육 운동에 참여하고 대안학교를 설립하는 데 많은 영향을 미쳤다. 그리고 삼동중학교는 실제로 일정

---

20) 영국의 자유주의 교육사상가로, 그는 아이들이 자유롭게 자기 결정권을 가지고 학습활동에 임하는 것을 선으로 보았다. 그러나 그의 교육관은 문명비판이나 제국주의적 인간 형성이라는 측면에서 보면 제1세계의 시각을 극복하지 못한 취약점을 가지고 있다.

부분『섬머 힐』과 같은 자유로운 교육을 하는 곳이기도 하였다.

삼동중학교에서 감동적인 경험을 한 적이 있다. 부임하자마자 2학년 담임을 맡았는데 우리 반 아이 중 하나가 자폐아였다. 그는 언제나 고개를 숙이고 있었고 누가 불러도 대답을 하지 않는데, 3학년 여름 즈음에 웃기도 하고 어쩌다 말도 하고 고개도 드는 경우가 있었다. 그때마다 다른 친구들이 무척 기뻐하였다. 그 경험을 하면서 또래 집단이 전문가 집단보다 더 뛰어난 치유 능력을 발휘할 수도 있다는 것을 알게 되었다. 전문가는 내담자의 패턴 분석 지식과 자기 삶의 경험으로 아이를 상담하고 치료하지만, 아이들은 수평적 시선과 진정성을 가지고 친구들과 학교생활을 함께하며 무작위로 만나기 때문에 간혹 놀라운 치유력을 발휘한다.

고마운 아이들

자유롭고 규제가 거의 없는 학교[21]여서 그랬는지 학생들이 행복한 학교였고 그 학교 졸업생 중 몇몇은 지금까지 나와 교류하고 있다. 50대 후반에 간경화 말기로 죽어가던 내게 자신의 간을 줄 테니 간 이식 수술을 받으라고 권고하던 '영남'이도 삼동중학교 제자 중 하나다. 또 삼동중학교 학생이었던 '향란'이와 '영기' 부부는 주말마

---

21) 가난한 아이들이 다니는 학교이다 보니 학생들에게 교복을 입힐 수도 없었고 순박한 아이들이라서 선생들과도, 동료 학생들과도 큰 갈등 없이 잘 지냈기 때문에 규제가 별로 필요 없었다.

다 음식을 해 날랐고 '윤례'와 다른 제자들도 수시로 들러 나를 즐겁게 해주려고 애썼다.

　아래 편지는 간 이식 수술(2012.9.)과 심장판막 수술(2011.1.) 그리고 뇌수술(2011.1.)을 받고 그 후유증으로 아산병원에 100일 동안 입원해 있던 나를 지극정성으로 보살펴 주던 영남이가 어버이날을 맞아 보낸 것이다.

선생님!

선생님이라 부르면
예전엔 바람이 스쳐가듯 가슴이 설레었지요.
언제나 제게 평생 큰 산이 되어 삶의 지표가 되어 주셨기에
가끔씩 바라만 봐도
샘이 그 자리에 계시다는 것만으로도 든든했어요.

갑자기 아산병원에 입원하시면서 몇 차례의 대수술을 하시고
투병 중인 샘의 고통을 곁에서 지켜봤기에
얼마나 잘 버텨주시는지 잘 봐 왔지요.

늘 기도하기를 제 건강의 절반을 샘께 돌려달라고 했어요.
남은 절반으로 제 삶의 몫을 책임져야 할 것 같아서요.

하지만 계속되는 샘의 투병을 지켜보면서

이제는 이렇게 기도합니다.

제 남은 삶의 모든 것을 바칠 터이니
샘의 몫으로 샘을 지켜주세요!
제 개인보다는 샘이 타인을 위해 할 수 있는 일이 많잖아요.

샘이 계셔 만들어주신
아름다운 이 세상

샘!
감사하고 사랑합니다.

2013.5.8. 제자 영남이가

    이런 과분한 사랑을 받은 내가 어찌 아이들을 외면하고 선생 노릇을 마다할 수 있었겠는가! 모든 것이 무거운 보육원 생활에 비하면 학교는 경쾌한 놀이터였다. 아이들 숙식 등의 생활을 책임지지 않아도 되고 그냥 아이들과 어울려 공부하고 놀면 되는 선생은 보육원 총무에 비하면 한없이 가볍고 즐거운 일이었다. 삼동중학교의 경험은 내게 훗날 세 개의 대안학교(무주 푸른꿈고등학교, 함양 녹색대학교, 광주 지혜학교)를 설립할 수 있는 자양분이 되었다.

본격적인 선생의 길을 찾아

나는 개인이 선하면 사회가 좋아질 것이라는 순박한 믿음을 가지고 보육원과 삼동중학교에서 활동하였다. 그런데 막상 조직에 들어가 활동하다 보니 그렇게 낭만적으로 생각할 일이 아니었다. 조직 자체의 폐쇄성과 경직성, 조직 대표자들의 전횡과 폭력을 개인의 선한 의지만으로는 극복할 수 없다는 것을 깨닫게 된 것이다. 무엇이 문제의 근본 원인인지 전모를 파악할 수 없는 상태에서 극도의 혼란을 겪게 되었다.

그러던 차에 정부는 삼동중학교와 같은 각종학교 폐지정책을 추진하였다. 선생직에 계속 있으려면 어쩔 수 없이 교사 자격증을 취득해야 해서 1987년 서울대학교 인문대학 서양사학과에 진학하게 되었다. 내가 교사 자격증을 취득할 목적으로 대학에 진학하면서도 사범대학으로 가지 않고 인문대학으로 간 것은, 사범대학이 요구하는 교사 훈련생으로서의 성실성을 지킬 자신이 없어서였다. 인문대학은 출석이나 리포트 제출 일자 등에 별 신경을 쓰지 않아도 되지만 사범대학은 교사를 본격적으로 양성하는 곳이라 교사로서의 세심한 자질 함양 훈련을 중요하게 여겼는데, 나는 도저히 그렇게 틀에 갇힌 교육과정을 견뎌낼 자신이 없었다.

1980년대의 대학에는 사회주의 사상이 유통되고 있었다. 더군다나 우리 서양사학과 교과목들은 각국의 '혁명사'와 '사회주의의 역사'나 '제국주의론'과 '전체주의론', '사회경제사'가 주류를 이루고 있었다. 행복원 야학 교사를 하고 삼동중학교 교사를 거치면서 보육원 원장이나 학교 교장의 전횡에 대해 문제를 제기하고 갈등을 겪었던 터라 대학의 커리큘럼과 학생운동 분위기는 소수자들(당시에는 프롤레타리아트)에 대한 내 관심과 이해를 잘 정리하도록 도와주었다.

그중에서도 '교육이란 사회적 재생산이며 그 체제를 더욱 공고히 만드는 도구'라는 이반 일리치의 교육사상이 나를 사로잡았다. 뭔가 대안을 찾은 것 같았던 나는 1980년대 우리 사회를 흔들고 있던 마르크시즘과 한국의 민중신학과 남미의 해방신학에 심하게 경도되어 갔다. 보수적 기독교 박애주의나 자유주의에 대한 나의 좌절감이 그 대립항인 비판적·개혁적·혁명적 사회사상으로 대체된 것이다.

3. 비판적 역사의식교육: 서울 중앙고등학교
(1992.3.~1998.2.)

대학을 졸업하자마자 서울의 중앙고등학교[22](이하, 중앙고)에 역사 교사로 부임하여 6년간 재직하였다. 이 기간이 교사로서 기존의 공교육에 몸담았던 유일한 내 경험이었다. 중앙고에서는 세계사를 가르쳤는데, 학생들이 세계의 역사를 파울로 프레이리 류類의 '인간 해방과 사회·경제적 해방'의 관점을 가지고 바라볼 수 있는 눈을 가질 수 있도록 하는 데 힘을 썼다. 그러나 당시에 나는 비판적 역사교육의 정당성을 확보하느라 옳고 그름의 이분법적 틀 안에 갇혀 있었는데 그것이 자칫 증오를 재생산할 위험이 있음을 깨닫지 못하고 있었다. 학생들에게 식민사관에 대해 가르치면서 자꾸 일본을 적대적으로 바라보는 시각을 노출했고 '양키' '쪽발이' 등의 정제되지 않은 언어를 구사하며 강단에 섰다. 그러다 어느 학생으로부터 심한 항의를 받았는데 변명하기에 급급해서 그 아이의 말을 제대로 수용하지도 못했다. 훗날에 와서야 학생들에게 '정의'라는 명분으로 내 분노를 교육의 장에서 펼쳤던 것을 후회하였다. 내게 비판적 역사

---

22) 당시 중앙고는 교사들이 근무하기에는 천국과 같은 곳이었다. 출퇴근 시간이 자유로워서 자기 수업시간만 잘 책임지면 되는 학교였다. 그래서 중앙고에 재직하면서 대안학교인 무주 푸른꿈고등학교 설립추진위원장을 맡아 활동할 수 있었고 한신대학교 신학대학원에서 주간에 공부도 할 수 있었다. 생각해보면 중앙고는 내게 참 고마운 학교였다.

교육을 넘어갈 새로운 교육사상과 교육형태가 필요하게 된 것이다.

인문계 고등학교의 현실

중앙고에 부임하던 첫해에 50대의 선배 교사로부터 질책을 받았다. 세계사 교과서 1장에 역사철학 단원이 나오는데 그와 관련하여 학생들에게 카E.H.Caar의 『역사란 무엇인가』에 대한 독후감을 써오라는 숙제를 냈다. 당시 중앙고등학교는 주로 남산 근방이나 미아리 근처에 사는 아이들이 배정받아 다녔는데 그들은 대부분 가난하였다. 그래서 출판사에 직접 연락하여 학교 앞 서점에 그 책을 비치할 수 있도록 하고 정가의 70%에 팔도록 하였다. 그것이 사달이었다. 선배 교사가 "당신만 깨끗하냐? 학생들이 다른 선생들을 어떻게 보겠느냐?"라고 공격을 가하였다. 참 어처구니가 없어 대거리조차 하지 않았지만 왜 그가 열을 내는지 그 이유를 알 것 같았다. 모의고사, 수학여행, 참고서 채택 등 학생들 교육과 관련된 사항마다 이권이 개입되어 있다는 것을 나중에야 알게 되었다.

인문계 고등학교는 학생들에게 보충수업과 야간 자율학습을 시킨다. 여기서도 교사들의 이중적 태도를 볼 수 있었다. 보충수업 수당이 적을 경우, 교육적 관점에서 볼 때 교사가 보충수업 따위를 하면 교육 정상화가 이루어질 수 없기 때문에 보충수업 시간 배정을 수용할 수 없다고 버티는 교사가 많았다. 그러나 특별 보충수업은 일반 보충수업보다 수당이 2배인데 그것은 서로 맡으려고 하는 것을 보면서 실소가 절로 나왔다.

3년 차에 처음으로 담임을 맡았다. 어느 날 아빠가 굴지의 회사 사장인 학생의 엄마가 학교로 찾아왔다. 둘이 있는 시간에 봉투를 하나 내밀었다. 수표가 몇 장 들어 있었다. 봉투를 돌려주며 실랑이를 벌이며 그녀에게 이렇게 말했다. "나는 다른 능력도 많아 갈 데가 많지만, 굳이 선생 노릇을 하는 것은 선생이 좋기 때문이다. 제발 내가 부끄럽지 않게 선생 노릇을 할 수 있도록 도와 달라." 그녀에게는 큰 충격이었던 것 같았다. '감히 고등학교 선생 주제에 내 호의를 거절해?' 하는 표정이었다. 그때 학교 선생의 사회적 위치가 어느 정도인지 알 수 있었다. 당시 서울에서 선생은 경제적으로 하층민에 속했다.

중앙고등학교는 평준화 이전에는 유수 대학 진학률이 아주 높은, 소위 5대 명문 사립고 중 하나였다. 1990년대 당시 중앙고등학교 교사들은 서울대학교 출신이 절반 정도였고 나머지 중에서 반 정도가 고려대학교 출신이었고 그 나머지가 연세대 등 다른 대학 출신이었다. 그들은 엘리트 의식이 아주 강했는데, 그중 나이 많은 교사가 보기에, 평준화 이후에 들어온 아이들, 그중에서도 빈민가 출신이 주류를 이루는 학생들은 그리 달가운 존재가 아니었다. 학교가 서울 중심지역에 있어 멀리서 학생들을 오게 하는 것도 학생들에게 불합리한데 거기에다가 선생들의 차별이 심했지만 학생들의 계층이 하층계급으로 거의 비슷했기에 학생 간에 그나마 큰 갈등은 없었다. 나는 학창 시절에 학생으로 겪었던 차별을 교사로서 학교에서 목도해야 할 때 무기력하기만 하였다.

왜 그러느냐고 한 번만 물어보았더라면

　교사의 삶에서 담임을 맡은 아이가 학교를 그만두거나 자살할 경우 극심한 좌절과 절망감에 시달린다. 요행히 선생으로 살면서 내 반 아이가 중퇴하거나 자살한 경우가 없었지만, 담임이 끝나고 나서 중퇴한 경우는 있었다. 중퇴한 아이를 데리고 교육방송EBS에 출연한 적이 있는데, 왜 학교를 그만두었느냐는 진행자의 질문에 그 아이는 자기 자신에 대해 생각할 여유를 갖고 싶었기 때문이라고 말하였다. 인문계 고등학교의 상황을 정확히 짚은 대답이었고 교육에 대한 다른 대안의 요청이었다. 이렇듯 내게는 삼동고등공민학교에서의 행복했던 교사 생활과는 달리 중앙고등학교에서는 비판적 역사의식의 날이 날카롭게 작동하고 있었기 때문에 학교 선생들의 부정적인 면이 크게 다가왔다.

　그렇다고 내가 선생 노릇을 썩 잘한 것도 아니다. 재직 당시 나는 대안학교인 무주의 푸른꿈고등학교 설립추진위원장으로 새로운 학교 만들기에 매진하고 있었고, 한신대학교 대학원에서 신학 논문을 쓰고 있었다. 교사, 새로운 학교 설립추진위원장, 졸업논문 등 3가지 일을 한꺼번에 하면서 교사로서는 수업이나 겨우 감당하고 있었다. 그 와중에서도 나는 '내 수업시간에 잠자는 것은 용납하지 않는다'라는 원칙을 고집스럽게 지키고 있었다. 당시에는 적어도 내 과목만은 재미있게 그리고 제대로 가르칠 수 있다고 스스로 믿고 있었고 노력도 많이 하였다. 또한, 교과목의 특성상 세계사라는 과목은 다른 과목에 비해 아이들이 비교적 열심히, 재미있게 듣는데 나는 한 아이라도 내 수업에서 졸거나 엎드려 있는 것을 용납하지 않았다. 물론 아이들을 위해서이기도 하였지만, 내 자만심에 상처를 입지 않으려는 것도 이유 중 하나였다.

1997년 1학기 수업시간에 줄기차게 엎드려 있는 학생이 하나 있어서 여러 방법으로 아이가 졸지 않도록 시도하였는데 그때뿐이고, 다음 수업시간이면 어김없이 그 아이는 또 내 수업시간에 엎드려 있었다. 화가 난 나는 아이를 교탁 쪽으로 불러 뺨을 한 대 때리면서 나무랐다.[23] 그런데 그다음 시간에도 그 아이는 또 수업시간에 엎드려 있었고, 화가 난 내가 아이를 앞으로 불러 다시 뺨을 치려 하자 아이가 피하면서 내게 주먹을 휘두르며 욕설을 하고는 교실 밖으로 나가버렸다. 어이없기도 하고 창피하기도 하고, 아이들 앞에서 그야말로 쪽팔리는 경험을 한 것이다. 그래도 아무 일 없었다는 듯이 수업은 하였지만, 수업시간 내내 화가 부글부글 끓었고 아이들도 긴장된 상태로 수업을 마쳤다.

---

23) 1990년대 당시에는 학생 체벌이 사회적으로 허용되었고 나도 경우에 따라 체벌이 가능하다는 견해를 가지고 있었다.

교무실로 돌아온 뒤 이 일을 어떻게 처리할까 하는 생각으로 오만 가지 생각이 맴돌았다. 아이를 학생부로 넘겨 처벌할까, 그러면 내가 어떻게 보일까, 그냥 넘어갈까, 그러면 또 내가 어떻게 보일까…. 아무런 결정을 못 하고 며칠을 보냈다. 성질대로 하거나 교사의 권위로 접근하자면 아이 하나쯤 처벌하는 것은 얼마든지 가능한데, 아이에게 성질을 부리는 것이 교사의 양심상 용납되지 않아 이 고민 저 고민 하다가 그 아이가 소속된 반 반장을 불러서 그 아이의 동정을 알아보았다. 반장 말이, 그 아이 부모님이 이혼 소송을 진행 중이어서 아이가 극도의 혼란 상태에 빠져 있고 다른 수업시간에도 엎드려 있다는 것이었다. 탈출구를 찾은 것 같았다. 그리고 아이에게 미안하고 안타까웠다. 대안학교를 만들고 있는 내가 아이에게 무엇 때문에 엎드려 있느냐고 한 번도 묻지 않았고 그저 내 수업시간에 엎드려 있다는 사실 자체를 받아들이지 못해 성질을 부린 것이 부끄러웠다.

우리 나이로 마흔 살이나 되어서, 대안교육 운동을 한답시고 소란을 피우고 다니면서 아이 하나 제대로 살펴보지 않고서 내 아집과 내 판단만으로 아이들을 대하고 있는 내 모습이 끔찍스러웠다. 무엇 때문에 수업시간마다 엎드려 있느냐고 아이에게 한 번만이라도 물어보았더라면, 그리고 친구들 앞에서 뺨을 맞은 그 아이의 수치심을 한 번이라도 헤아렸더라면 벌어지지 않았을 상황이 나의 불성찰로 인해 발생한 것을 알고서 자괴감이 들었다.

반장을 시켜 그 아이에게 걱정하지 말고 수업시간에 들어오라고 전하게 하였다. 미안하다는 말도 함께 전해달라고 말하였다. 그리고 다음 수업시간이 되어 그 반에 들어갔는데, 나머지 아이들은 긴장된 상태로 내 눈치를 살피고 있었다. 수업에 들어가자마자 그 아이를 교실 앞으로 나오라 하자 나머지 아이들은 숨을 죽이며 앞으로 벌어질 사태를 예의 주시하고 있었다. 아이들의 경험상 그 아이에게 체벌이 가해질 것이고 많은 잔소리를 들어야 할 상황이었다.

그런데 아이들의 예상과는 달리 나는 그 아이에게 미안했다고 사과하였고, 그 아이도 내게 사과하였다. 나와 그 아이가 악수하면서 화해하자 나머지 아이들이 "와!" 하고 함성을 지르며 박수를 쳐 주었다. 나 자신에게 부끄럽고 민망하였지만, 잘못을 저지르고 나서 그것을 깨닫고 자기 합리화를 시도하지 않고 솔직하게 사과할 수 있다면 그리 부끄러운 일이 아니라는 생각으로 수업을 하였다. 물론 그 아이도 내 수업시간에 졸지 않고 열심히 듣는 것 같았다. 선생으로 살아오면서 수많은 잘못을 저질렀는데 그 일을 계기로 대안학교를 준비하고 있는 내가 넘어야 할 산이 너무나 높다는 것을 알게 되었다.

대안교육 운동으로

중앙고등학교 생활은 내게 그 이후의 교육활동을 준비할 수 있는 시간적·정신적 여유를 제공하였다. 대안학교 설립은 1983년 삼동중학교 교사 때부터의 꿈이라서 1995년 대안교육 운동이 시작되자마자 거기에 기꺼이 참여하게 되었다. 그와 더불어 1994년 8월에 중앙고등학교 3학년 학생 하나가 성적을 비관해 아파트 창문을 열고 투신자살한 사건도 내가 대안교육 운동에 주저 없이 참여하게 된 계기로 작용하였다.

성민아![24]

성민아!
새삼 부르기도 가슴 저미는 아이야!
내가 너를 죽였구나
선생의 침묵이 너를 죽였구나
선생이 죄짓는 직업인 줄 이미 알고 있었지만
너 가고 다시금 부끄러워하는 것은
너를 죽음으로 내몰고도 우리는
증권 얘기, 승용차 얘기, 술집 마담 이야기
네 죽음 깔고 앉아 잔칫상이구나

성민아, 성민아, 무정한 녀석아
네 엄마아빠 남은 삶 어이 하라고

---

24) 1995년, 중앙고 교지 『桂友(계우)』 63호에 실린 추모시다.

부모님 가슴에 비수를 꽂았느냐

너 입던 옷 이부자리 어느 것 하나

부여잡고 몸부림칠 부모 한 아랑곳없이

자식 앞세워 부끄러운 부모 되게 하였느냐

네 엄마 피울음 소리 들리지 않느냐

네 아버지 숯검정 가슴 보이지 않느냐

입시공부 짓눌리는 현실 피하여

너 하나 훌쩍 떠나가면 그만이더냐

네 아픔 나눠 가진 아이들 수없이 많은데

너만 가면 세상이 달라진다더냐

살아, 살아서 네 고통 이기어

캄캄한 세상에 횃불이 되어야지

너 앉았던 자리, 네 친구들 그대로인데

너 빠진 교실에서 이제 또 무엇을 가르칠거나

(추모시 1994.11.23.)

… 이하 생략 …

그때 3학년 학생들에게 세계사를 가르치고 있었는데, 그 아이 책상 위에 흰 국화꽃이 놓여 있는 것을 보고 목이 메어 수업을 진행하기 어려웠다. 성민이의 죽음은 제정신을 가지고 선생으로 살아내야 하는 것이 참 버겁다는 생각을 하게 하였으며, 그 당시 1년에 6백 명 남짓한 아이들이 성적으로 인해 자살하는데 속수무책으로 계속해서 선생 노릇을 해야 하는지 내게 심각한 고민을 안겨 주었다. 당시 나는 전교조 서울 중부 사립지회 조합원이었고, 전교조는 비합법에서 합법으로의 이행기를 거치고 있었다. 대부분의 개혁운동이라는 것이 그렇듯이 제도권 내에서의 운동과 제도권 밖에서의 운동, 제도권 곁에서의 운동이 있고 각자의 특성에 따라 운동하는 것이 적합할 것인데 나는 제도권 밖에서의 운동이 더 적합하다는 생각을 하고 대안교육 운동에 뛰어들게 되었다. 또한, 새로운 학교 설립은 일찍이 삼동고등공민학교 시절부터 꾸었던 꿈을 현실화시킬 수 있는 기회이기도 하였다.

4. 생태교육의 걸음마: 무주 푸른꿈고등학교[25](1999년 3월 개교)

대안교육은 국가 중심의 교육도, 자본 중심의 교육도 거부하고 오로지 사회적 공공성과 생태적 지속가능성 교육에 관심을 둔다. 또한 대안교육은 생태, 평화, 영성, 공동체 문명에 대해 꿈꾸는 교육활

---

25) 1994년 가을 학기에 정토회 산하에 있는 불교환경교육원(현, 에코붓다)에서 생태학 공부를 시작으로 한신대 이준모 교수에게서 생태주의 교육철학을 배웠고, 감신대 송순재 교수에게서 세계 여러 나라의 대안교육에 관한 학습을 하였다. 그 덕택으로 5년 뒤에 푸른꿈고등학교를 개교할 수 있었다.

동으로서 아이들이 일구어 갈 미래에 관심을 둔다. 대안학교로 시작한 푸른꿈고등학교도 생태이념을 표방하며 출발하였다.

학교 만들기

우리나라 공교육의 장은 국가가 마련한 교사 훈련 과정을 거친 교사들이 국가가 마련한 교육과정을 가르치는 곳이다. 따라서 교사들은 '선생이란 무엇인가?'라는 교사로서의 자기 정체성을 주체적으로 묻기 어렵다. 국가주의 교육이나 자본 중심의 교육이 미리 설정되어있고 거기에 따른 국가나 기업의 인력양성 목표에 따라 교육이 이루어지면 되는데 '교육이란 무엇인가?' '교사란 무엇인가?'라는 질문을 실질적으로 적용할 기회를 갖기가 어렵기 때문이다.

공교육에서 교사는 스스로 교육이념을 만들어내고 거기에 따른 교육목적과 교육목표, 교육과정 등을 고민할 필요가 거의 없다. 그래서 평생 교사로 살아도 자율적인 교육과정을 편성할 기회를 갖기가 어렵다. 거기에 대한 문제의식을 느낀 교사들이 진보적 교육운동을 표방하나 그들은 조직 운동에 무게 중심을 두고 있는 경우가 태반이고 참교육 연구에 심혈을 기울이는 교사들은 많지 않다. 2천년대 이후 대안교육의 영향을 받은 혁신학교들이 교육 연구와 실행을 할 공간을 확보한 것이 그나마 다행이라 할 것이다.

나도 예외가 아닌 상태에서, 새로운 학교 설립을 주창하는 것이 구호로서는 유효하였지만 실천적으로 대안을 마련하기에는 난망하였다. 종교적 배경을 가진 대안학교 설립은 그나마 교육철학 마련에서 큰 어려움이 없었지만, 우리처럼 탈종교적 대안학교를 꿈꾸는 주체들에게는 우리가 직접 문명의 흐름을 읽어내고 새로운 문명에 대한 해석과 전망을 가지고 학교를 설립해야 하는 과제가 주어졌다.

그래서 대안학교를 만들어 운영하고자 하는 교육자들은 필연적으로 학교 설립과 학교 운영, 교육이념과 교육목표, 인간상, 교육과정과 학사일정, 학생생활과 학생상담 등을 두루 고민할 수밖에 없다. 그리고 보통 3년 정도 대안학교에 재직한 교사는 그런 것들에 대해 어느 정도의 윤곽을 잡을 수 있게 된다. 나도 푸른꿈고등학교 설립추진위원장으로서 학교 설립과 운영 전반의 것들을 진두지휘할 수밖에 없었고, 그런 과정에서 교육적 역량이 강화될 수밖에 없었다.

학교 설립에 필요한 것은 크게 보아 두 가지인데, 하나는 학교 설립에 필요한 조건을 형성하는 것이었고 다른 하나는 학교 운영을 위한 대안을 마련하는 것이었다. 여기서 조건 형성이라 함은 새로운 학교를 만들자는 뜻을 널리 알려 학교를 함께 만들어갈 동지를 규합하고 설립자금을 조달하며 교지校地와 교사校舍를 조성하여 학교법인 인가와 학교 설립 인가를 받아내는 것을 말한다. 학교 운영 대안 마련은 학교 형태와 학제 및 학교 이념과 교육과정 편성, 교사 모집과 훈련 그리고 학생 모집, 지역과의 관계 설정과 대외협력까지를 일컫는다.

　푸른꿈고등학교 설립 과정은 세 단계를 거쳐 이루어졌는데 그것은 주비위원회 단계, 준비위원회 단계, 추진위원회 단계였다. 단계마다 거기서 해야 할 일들을 분류·분담하며 학교 설립을 추진하게 되었는데, 주비위 단계에서는 학교 설립 제안과 동의 구하기, 동지들 규합, 큰 틀에서의 학교 내용과 방향 설정, 실무진 확보 등을 담당하였다. 준비위 단계에서는 의사 결정 구조 확정, 이념 마련, 정체성 확인, 학교 설립 일정 확정, 설립에 필요한 자료 확보, 대외협력 및 언론 홍보, 연락망 꾸리기 등을 하였다. 추진위 단계에서는 학교설립추진위원회를 발족시켜 학교 설립에 관한 제반 사항의 모든 것을 기획하고 설계하며 조건을 만들어가는 일을 담당하였다. 나는 단계마다 위원장을 맡았고, 마지막 푸른꿈고등학교 설립추진위원회 때에는 허병섭, 김경남과 함께 셋이서 공동추진위원장 활동을 하였으며, 거기서 상임 공동추진위원장을 맡았다.

학교 형태 확정과 이념 설계

　푸른꿈고등학교는 생태이념을 표방하는 대안학교로서 1999년 3월에 개교하였다. 그런데 당시에 생태이념을 교육적으로 잘 조직하고 편성하여 가르칠 수 있는 곳은 사실상 1957년에 설립된 풀무농업고등기술학교를 제외하고는 없었다고 보아도 무방할 것이다.

1960년대에 서구에서 대두되기 시작된 생태사상이 한국 사회에는 아직 낯설었고 그것을 교육의 영역으로 조직화하는 것은 시기상조였다. 그렇지만 환경위기에 대한 대안이 마련되어야 한다는 대명제에 기대어 모험을 감행하게 된 것이다.

그러나 푸른꿈고등학교가 처음부터 생태이념을 바탕으로 만들어진 것은 아니다.[26] 우리가 처음 구상한 새로운 학교는 중도탈락자들을 위한 학교였다. 1990년대 중반 당시 우리나라 중·고등학교 학생들이 학교 성적 문제로 해마다 600명이 넘게 자살하고 있었다. 정권이 부담을 느끼던 차에 마침 대안교육 운동이 시작되었고 거기에 참여하는 대안학교 설립을 원하던 주체 중 상당수가 중도탈락자 학교 설립을 원하고 있었다. 당연히 대안교육 진영은 교육부의 관심과 협조를 받을 수 있었고, 교육부는 대안학교를 중도탈락자 학교로 이미지화하였다. 그것이 이후 대안학교를 잘 모르는 사람들에게 '대안학교는 곧 중도탈락자 학교'로 알려지게 된 배경이다.

이러한 상황에서 우리 아이들을 더 이상 죽음으로 내몰지 말자는 생각을 가진 일군의 제도권 교사들이 중심이 되어 푸른꿈고등학교 설립의 깃발을 들었다. 그렇게 생각한 것은 『섬머 힐』교육의 상이 여전히 내게 남아 있었고 새로운 교육에 대해 예리하게 벼려진 교육철학과 방법론이 부재하였기 때문이기도 하다. 제도권 교육에 몸담았던 교사들이 제대로 된 교육철학을 확립한다는 것은 난망한

---

26) 부록 참조(푸른꿈고등학교 설립제안서).

일이었고, 우선 시급하게 요청되는 것은 상처 입은 아이들을 보듬고 갈 학교처럼 보였다. 중도탈락자 학교는 선생들이 아이들 존재 그 자체를 있는 그대로 보아주고 자유로운 선택을 존중해주며 아이들 자신의 힘으로 스스로 서게 하는 것이 주된 과제다. 그런데 새로운 교육철학을 마련하고 그것을 방법론화하여 학교를 설립하여 운영하기에는 우리는 한참 모자랐다. 중도탈락자 학교는 선택 사항이 아니라 이미 결정되어있는 것처럼 보였다.

그 와중에 나는 학교 설립 추진을 중단하고 태업을 하였다. 아무리 생각해봐도 본격적인 대안교육은 가치지향 교육인데 기존 문명에 희생된 아이들을 위한 보완교육도 좋지만 본격적인 생태문명에 대한 고민을 교육으로 녹여내는 것이 필요하다고 생각했기 때문이다. 여름방학 한 달 동안 집에서 칩거하면서 결단을 내리고 선생님들을 만나 두 가지 제안을 하였다.

- 첫째, 중도탈락자라는 대상에 관심을 두는 학교 말고 생태적 가치에 중심을 두는 가치지향적 학교로 방향을 전환하자.
- 둘째, 교육부가 1998년 3월 개교를 요구하는데 1년 더 준비해서 1999년에 개교하자.

선생님들과의 몇 개월에 걸친 토론 끝에 내 제안이 받아들여졌다.

학교 설립자금 마련

푸른꿈고등학교는 모금 활동과 교육부 지원을 통해서 만들어진 학교다. 처음부터 우리 학교는 학교 설립 재정을 모금과 기부와 출연금으로 충당하려 계획하고 있었다. 그래서 학교 설립에 참여한 선생들이 솔선해서 3천만 원부터 5백만 원까지 형편대로 출연하기로 하였고, 개인 모금 활동을 펼쳐서 마련한 자금이 1억 5천만 원 정도 예상되었다. 그 정도로는 폐교 하나 구입하기에도 턱없이 부족한 금액이었다.

그런 와중에 1996년 봄에 교육부로부터 새로운 학교 설립에 관한 간담회를 하자는 연락이 왔다. 각 지역에서 학교 설립을 추진하고 있던 대표들(푸른꿈, 간디, 성지 등)에게 교육부는 각 단위에서 만들어진 학교에 각각 150억 원을 지원할 테니 학교 만들기에 힘써 달라고 하였다. 교육부의 구상은 전국을 6개 권역으로 나누어 권역별 학교에 재정지원을 하겠다는 것이었다. 교육부가 지원하겠다는 자금은, 적어도 우리가 폐교라도 구입해서 그 폐교로 학교법인과 학교 설립에 대한 인·허가를 받고 나서부터의 지원이었기 때문에, 학교 설립 초기 자금으로는 사용할 수 없는 것이었다.

학교 터 마련을 위해 1997년 여름에 린나이코리아 사목으로 있던 연규홍 목사(현, 한신대학교 총장) 소개로 린나이코리아 강성모 회장을 만났다. 폐교 하나를 사달라고 부탁했더니 강 회장은 최선을 다해 돕겠다고 하였다. 그러면서 강 회장은 자신은 구멍가게를 운영하는 거라며 소개장을 써 줄 테니 더 큰 점포를 운영하는 현대그룹 정주영 회장을 만나라고 하였다. 강 회장은 정 회장을 만나 배 한 척을 영구 임대해달라고 해서 배 학교를 해보라고 권하였다. 정주영 회장 정도라면 수용할 수 있을 그림이라고 말했는데, 당시 내 배포는 거기에 미치지 못했다. 그저 폐교 하나 건지는 것도 감지덕지하였다. 나중에 정주영 회장이 소 떼를 몰고 D.M.Z를 넘는 것을 보면서 '저분 정도면 한번 부탁을 했어도 되었겠구나' 하는 생각이 들었다. 우리가 기르고 싶은 아이들이 저런 배짱을 가진 아이들인데 정작 선생인 나는 새가슴이었다.

우여곡절 끝에 1997년 11월 초에 전라북도 무주군교육청과 푸른꿈고등학교 터를 3억 원에 매매하기로 계약을 체결하였다. 린나이코리아 강성모 회장이 어느 정도 도와줄 것을 예상하고 한 계약이었는데, 계약 체결 후 1주일이 지나서 IMF가 들이닥쳤다. 외환위기는 시장을 꽁꽁 얼어붙게 만들었고 자금 유통이 거의 불가능하게 만들었다. 기부를 약속했던 사람들이나 회사, 기부를 예상했던 기업들로부터 자금을 조달하는 것은 거의 불가능한 상황으로 내몰리게 되었다. 당장에 린나이코리아만 해도 모기업이 파산 직전으로 내몰리는 상황이었으니 어디에 대고 기부를 요청하는 일이 참으로 난감하였다. 이미 마련된 1억 5천만 원 말고 나머지 1억 5천만 원이 필요하였다.

그때 허병섭 목사 소개로, 기독교 기장총회 산하 단체에서 책임을 맡고 있던 김경남 목사를 만났다. 김경남 목사가 이자를 내지 않는 돈 1억 원과 자신이 확보할 수 있는 돈 5천만 원을 끌어왔다. 그렇게 해서 폐교를 구입할 수 있었는데, 김경남 목사가 자금을 끌어오면서 내건 조건은 자신에게 학교법인 구성권과 이사장 선임권 일체를 달라는 것이었다. 나는 기꺼이 그의 말에 따랐다. 아울러 학교 내에서 자신의 역할이 있었으면 좋겠다고 하였는데 학교에서 그가 맡을 역할은 교장밖에 없었다. 당시 학교 설립 과정에서 모두가 내가 초대 교장을 할 거라고 예상하고 있었다. 그러나 내게 중요한 것은 학교에서 내가 교장 역할을 맡느냐 아니냐가 아니라 학교를 설립할 수 있느냐 없느냐였기 때문에 그를 교장으로 추천하였다.

학교 설립에 함께한 선생들

인가와 비인가와 상관없이 우리나라 대안학교들의 설립 주체는 주로 종교재단(원불교, 가톨릭, 개신교), 교사, 학부모, 교사와 학부모, 지역주민 등이다. 푸른꿈고등학교의 경우는 주로 교사들이 중심이 되어서 만든 학교다. 학교 설립 제안(김창수/중앙고/역사)부터 시작해서 학교 터로 무주군 안성면 소재 폐교 이주까지 합류한 교사들은 나를 비롯해 조환용(중앙고/영어), 민경석(휘문중/수학), 한진희(미술), 정윤희(수학), 정기준(남인여상/국어), 이무흔(남인여상/한문), 최현정(생태학), 송만호(농업) 등 총 9명이었다.

내가 새로운 학교를 만들자고 처음 제안했던 사람은 민경석 선생이다. 이미 대안교육 운동에 참여하고 있던 민경석 선생은 제안하자마자 즉시 함께하겠다고 하였다. 경력 교사들이 중심이 되어서 만든 학교는 장단점이 있었다. 학교 설립 과정에서 교육적으로 필요한 것이 무엇인지를 사전에 경험하였다는 점과 학교 설립 이후 학교 운영 과정에서 필요한 교육과정 편성과 교과 구성, 학사일정과 학급경영 등에서 필요한 일들을 무리 없이 진행할 수 있다는 점은 장점이었다. 그러나 기존 공교육 현장 교사들과 같은 관성과 상상력의 한계는 단점이었다.

학교 설립에서 가장 미안하고 안타까운 사람은 조환용 선생이다. 그는 나와 함께 중앙고등학교 교사였는데, 지나가는 말로 내가 중도탈락자 학교를 만들자고 했더니 그러자고 흔쾌히 합류하였다. 그는 신중한 사람으로 절대로 한꺼번에 두 걸음씩 뛰는 사람이 아니어서 많이 놀랐다. 돌다리도 두들겨 보는 사람이 그리 쉽게 응답할 줄 몰랐기 때문이다. 그의 신중함이 나 같이 하늘에다 발을 딛고 사는 이상주의자에게는 완급을 잘 조절하게 해주는 좋은 완급조절장치였다. 학교의 방향 전환에 대해서 가장 가슴 아파하던 사람도 그였다. 그는 정말로 상처 입은 아이들을 껴안고 살고 싶어 하던 사람인데, 평생 미안한 생각으로 살았다.

정기준 선생과 이무흔 선생 이야기도 빼놓을 수 없다. 그 두 사람은 인천의 남인여상에 재직 중이었는데, 내가 새로운 학교를 만들자고『우리교육』1996년 11월호에 기고한 글을 보고 이무흔 선생이 먼저 우리를 찾아왔다. 그때는 이미 조환용, 민경석 등 교사들과 많은 사람이 학교 설립 준비 활동을 하고 있던 시기였다. 이듬해인 1997년 봄에는 정기준 선생도 교사진에 합류하였다. 그런데 1997년 6월 즈음에 정기준·이무흔 신생이 새직 중이년 학교에 덜컥 사표를 쓰고 학교 만드는 사무실에 나타났다. 학교를 개교하려면 아직 멀었고 학교 부지 마련도 안 되어있는 상태인데 참 대책 없는 사람들이었다. 지금 생각해봐도 무모하기 짝이 없는 열정적 이상주의자들이었다.

대학에서 학생운동을 했던 정윤희·한진희 선생은 경희대 선후배 사이로 1997년 3월에 합류하게 되었는데 정윤희 선생은 사무국장 역할을, 한진희 선생은 소식지 발간이나 웹 디자인 등을 맡아 활동하였다. 20대 후반의 두 청년 여선생의 합류는 남성들로만 짜인 학교설립준비위원회에 커다란 활력을 불어넣어 주었다. 최현정 선생은 생태주의 교육학을 전공한 선생답게 학교의 생태적 정체성에 걸맞은 이론 작업과 더불어 선생님들과 생태학 공부 모임을 주도하였다. 송만호 선생은 미리 무주 학교 터 근방으로 귀농해서 살고 있었기에 1998년 2월, 우리가 무주 학교 터로 내려가자마자 합류하였다.

개교를 목전에 두고

1998년 2월 말에 중앙고등학교를 사직하고 학교 설립을 위해 모인 동료 선생들과 함께 학교 터가 있는 무주로 옮겨 갔다. 1년 정도 현장에서 개교 준비를 하는 것이 개교 이후 교육에 조금이라도 더 유익할 것 같아서였다.

무주로 내려간 후 학교 밖으로 탈출하는 아이들과 학교가 담아낼 수 없는 아이들에게 대안교육이 필요함을 확인하는 자리가 있었다. 1998년 여름방학 중에 경북대학교 영어교육학과 여학생이 푸른꿈고등학교 터로 나를 찾아왔다. 그도 대안교육에 관심이 있어 보였는데 그만한 사연이 있었다. 그는 자기 오빠가 ○○고등학교를 수석 졸업하였는데 대학 진학을 하지 않고 있다가 자살했다고 하였다. 자기는 어렸기 때문에 오빠가 왜 그랬는지 잘 몰랐는데, 자라서 생각해보니 오빠는 공부는 잘했지만 삶의 방향을 잃어버렸던 것 같다고 말하였다. 사실, 자살이란 현재 자신의 삶에 대한 부정이지 자기 삶 전체에 대한 부정은 아니다. '이렇게는 못 살아'라는 말은 '다르게 살고 싶다'라는 말의 다른 표현인 것이다. 그가 자신의 안목으로는 찾지 못했던 세계를 맛보게 해주는 것이 교사의 역할이 아닐까, 하는 생각을 하게 되었다.

그런데 학교법인 인가를 받고 학교 설립을 추진해 가는 도중에 개교를 눈앞에 두고 나는 지병인 만성간염이 간경화로 진행되어 전남 담양으로 요양을 떠날 수밖에 없었다. 학교 설립은 하게 되었지만 학생 하나 만나보지 못하고 떠나야만 하는 것이 못내 아쉬웠다. 그러나 학교를 떠나면서 다시는 푸른꿈고등학교로 돌아가지 않으리라는 생각을 하였는데, 그것은 현장에서 한 번 떠난 사람이 멀리 떨어져 있는 현장 교사들을 원격 관리하거나 다시 돌아올 것을 기정 사실화하여 현장에서 일하는 교사들을 혼란스럽게 하는 것이 옳지 않다고 판단하였기 때문이다. 또한, 김경남 목사가 교장으로서의 지도력을 활발하게 발휘해야 하는데 거기에 내가 걸림돌이 될 수 있겠다는 생각이 들었기 때문이기도 하였다.

　대안학교 현장은 사건·사고가 늘 일어나는데, 그것을 수습하여 학생과 교사들의 성장 동력으로 삼으려 한다. 그런데 현장에서 벗어나 있는 사람은 그가 비록 대안교육 전문가라 할지라도 구체적 상황에 맞는 해법을 찾아내는 것이 사실상 불가능하다. 그것은 일반학교가 학교 구성원들 간의 형식적·표층적 관계에 무게 중심을 두고 운영되는 것에 반해 대안학교는 실질적·심층적 관계를 맺고 살아야 하는 교육현장이기 때문이다. 대안학교 현장은 같이 밥 먹고 같이 자고 같이 공부하고 같이 놀다 보면 아무리 페인트칠에 능한 사람이더라도 그 정체가 곧 폭로되는 곳이다. 또한 서로가 각자의 무의식까지도 목격해야만 하는 곳이기에, 모르는 사람에게는 시끄러운 전쟁터 같아 보이는 곳이다. 그런 현장에서 멀리 떨어져서 감 놔라 배 놔라 하는 것은 사실상 불가능하다.

5. 초보 교장: 담양 한빛고등학교(1999.10.~2001.4.)

무주에서 담양으로 요양하러 와서 치료받고 있던 차에 한빛고등학교(이하, 한빛고)로부터 교장으로 와 달라는 초청을 세 번에 걸쳐 받았다. 두 가지 이유에서 그 제안을 받아들였다. 대안학교를 설립은 해보았지만 운영을 해보지 못했던 아쉬움을 달랠 기회를 얻을 수 있었고 푸른꿈고등학교로 다시 돌아가지 않겠다는 사실을 푸른꿈고등학교에게나 사회적으로 명확하게 선언할 필요성을 느꼈기 때문이다.

한빛고의 교육이념은 '하느님 사랑, 이웃 사랑, 자연 사랑'인데 그 모두가 내 관심사였다. '하느님 사랑'은 신학 전공자인 내게 상구보리 하라는 것으로, '이웃 사랑'은 역사학을 전공한 내게 하화중생 하라는 말로, '자연 사랑'은 생태학 공부를 해 온 내게 생태문명에 대한 꿈을 꾸고 교육하라는 요구로 다가왔다.

현장에서 만난 학생들

학교 운영 계획서를 겸한 취임사[27]를 써서 한빛고에 부임한 것은 1999년 10월 1일이었다. 당시 한빛고는 개교한 지 2년 되어 2학년

---

27) 부록 참조(한빛고등학교 교장 취임사).

이 최고 학년이었다. 부임하고 며칠이 지난 후 2학년 남학생과 여학생이 손을 잡고 교정을 거니는 모습을 목격하게 되었다. 곁에 있던 1학년 여학생에게 저래도 되느냐고 물었더니, 그 여학생은 "선생님이 우리를 말리시면 저희는 숲이나 보이지 않는 곳으로 숨어 들어가요"라고 대답하였다. 깜짝 놀라서 알겠다고, 다시는 그런 걱정을 하지 않겠다고 약속하였다. 아이들은 순수한데 오히려 불순한 내 마음을 들킨 것 같아 그 여학생에게 부끄러웠다. 수업시간에 남녀학생이 손잡고 공부하는 것을 보면서 아이들을 믿지 않으면 달리 방법이 없겠다는 생각도 하게 되었다. 감정은 이성과 달리 통제가 쉽지 않지만, 감정을 이성과 의지로밖에 제어할 수 없음을 믿어야 했다. 학생들을 믿고 기다리는 것이 교사가 할 일이라는 것을 절감하였다.

　이어서 부딪힌 사건이 2학년 여학생들의 '아름다운 반란'이었다. 신입생 모집 일정상 학생들의 귀가 일정을 조정할 수밖에 없었는데 2학년 여학생들이 자신들과 상의 없이 학교가 일방적으로 결정한 사항을 받아들일 수 없다고 하였다. 거기에 대한 항의 표시로 2학년 여학생들 모두 학교 인근의 야산으로 놀러 가버렸다. 비상 교무회의를 거쳐 학생부장 선생이 대표로 사과하면서 학생들을 설득하고 양해를 구하여 겨우 사태를 수습하였다. 그러자 여학생들은 자신들의 항의는 정당했어도 표현 방식이 일방적이었던 것에 대해 스스로 책임을 물었는데 그것이 학교 대청소였다. '이런 것이 대안학교구나'라는 생각이 들었다. 참 예쁜 아이들을 보면서 대안교육 운동을 하게 된 것을 기뻐했다.

학교에 선생이 필요한 이유

11월 하순에 학교 축제가 있었다. 아이들은 자신들이 스스로 준비한 축제를 재미있게 그리고 세련되게 진행하였다. 그런데 축제의 주제가 없는 것이 마음에 걸렸다. 할리우드식 프로그램 진행으로 재미는 있었지만, 소비자본주의 문화를 고스란히 복사하고 있었다. 축제는 '즐거움'과 '의미' 두 가지를 담아내야 하므로 다음 축제나 학교 행사에서는 꼭 학교 철학을 반영하면 좋겠다고 교사들에게 주문하였다. 학생들이 방향을 잃고 우왕좌왕할 때 교사의 지혜가 요청되는데 그때 교사의 지도력을 학생들은 수용한다. 따라서 교사와 학생들이 '평화' '생명' '공동체' 등의 축제 방향을 먼저 논의하여 행사를 진행하라고 하였다. 이렇게 대안학교는 교육과정 편성은 물론이고 행사 하나하나, 학교 철학과 부합하도록 노력한다.

인가 대안학교 교장이 '밥값'을 하려면 가급적 1종 대형버스 면허증을 가지고 있는 것이 좋다. 어느 날 학교신문사 학생들이 나를 찾아와서 산청 간디학교를 탐방하여 기사를 써야 하는데 차량을 마련해 달라고 하였다. 내가 운전기사 노릇을 할 테니 같이 가자고 하였다. 일반 학교 교장이 그런 말을 하면 아이들이 거북해하겠지만 우리 신문반 학생들은 아주 좋아하였다. 그때까지는 예비 교장이었지만 곧 교장이 될 선생하고 동행하면 운전기사도 확보되고 중간에 간식도 풍족하게 얻어먹을 수 있다는 계산이 선 것이다. 보통의 경우 일반 학교나 대안학교 모두 학생들에게 교장은 왜 있는지 이해가 잘 안 되는 존재인데, 나는 '얼씨구나' 하고 틈만 나면 아이들을 모시고 산청 간디학교로, 홍성 풀무농업고등기술학교 등으로 쏘다녔다. 어떤 학생은 교장예정자인 내게 자기 동아리반 지도 선생이 되어 달라고 부탁하기도 했다. 그럴 때도 아이의 속이 훤히 보이지만 기꺼이 수락하였다. 없는 틈이라도 만들어서 학생들과 어울려야 할 판에 학생들이 끼워줄 때 얼른 응하는 눈치가 내게 남아 있었다. 시작된 지 얼마 되지 않았지만, 그 짧은 기간 안에 우리나라 대안학교에서 교사와 학생 간의 위계가 거의 사라진 것을 확인할 수 있었다.

대안학교는 공동생활을 하기 때문에 도난 사건도 자주 일어난다. 2000년 3월 1일, 정식으로 교장에 취임하고 나서 기차를 타고 서울로 출장 가는 도중에 교감 선생으로부터 전화를 받았다. 교감 선생은, 미술실에서 미술 선생 지갑에 들어 있던 돈 12만 원이 없어져서 학생들을 전부 운동장에 집합시켜 놓았고 소지품 검사를 하겠다고 말했다. 나는 학교에서 우선 미술 선생님이 잃어버린 비용은 보충해주면 되니 그러지 말라고 하였다. 아이 중 하나가 돈을 훔쳤을지 모르겠지만 그 돈을 찾기 위해서 모든 아이 소지품을 뒤진다면 그것은 나머지 아이들 전체에 대한 인권유린이니 그래서는 안 된다고 하였다. 만일 내가 그런 꼴을 당한다면 나는 의심을 받는 한이 있더라도 소지품 검사에 응하지 않을 것이라고 말하였다. 평소에 대안학교는 이런 방법을 사용하지 않는다. 지난한 회의와 토론을 통해 공동체의 결의를 도출하여 도덕성을 높이는 쪽을 택하는데 방금 발생한 사건이었기에 그런 해프닝이 일어났던 것이다.

아이들아, 어른이어서 미안하다

학부모들이 자식들을 생활관이 있는 대안학교에 보내는 이유는 자식에게 행복한 학창 시절을 보내게 할 목적이 더 크지만 드물게는 가정불화나 부모 이혼 문제가 큰 요인이 되기도 한다. 평소에도 부모님 사이가 안 좋아 부부싸움이 잦은 것은 알았지만 어느 날 집에 갔더니 부모가 따로 살고 있더라는 학생을 본 적도 있다. 부모의 폭력을 피해 대안학교에 진학한 학생도 있다. '이랑'(가명)이는 자신이 기억할 수 있었던 때부터 엄마가 아빠에게 심하게 두들겨 맞는 것을 목격하기 시작했고, 큰딸이었던 자신도 아빠에게 심한 구타를 당하고 욕설을 듣고 자랐다. 아빠에게 폭력을 당한 엄마가 가하는 포악도 고스란히 감수해야만 했던 이랑이는 그 상황을 피해 한빛고에 진학하였다.

이랑이는 참 감수성이 예민한 아이였다. 그는 그림을 그리거나 소설을 쓰면 꼭 내게 보여주었는데, 그의 그림에는 뭉크의 광기와 절망이 배어있었고 그의 소설에서는 그로테스크한 냄새가 났다. 그는 그림을 그리거나 글을 쓰며 자신의 내면과 직면하는 일에 익숙하였는데, 그의 행위는 살고자 하는, 자신의 상처로부터 벗어나고자 하는 몸짓이었다. 이랑이가 자기 존중감을 갖는 데 조그마한 힘이라도 보탤 요량으로 여학생 생활관 방송망을 통해 이랑이더러 교장실로 오라는 멘트를 내가 직접 날렸던 기억이 난다. 교장이 아이 이름을 호명하여 교장실로 부르는 일은 아이들에게는 사건이었다. 으쓱하며 교장실로 득달같이 달려온 이랑이에게 먹을 것을 한 움큼 쥐어 주면 쏜살같이 친구들에게로 달려가는 그의 모습에서, 아무리 큰 고통을 당했더라도 아이들은 아이들이며 어른들의 세심한 배려가 있으면 치유될 수 있다는 믿음을 갖게 되었다.

학교 운영

한빛고에 취임하면서 내가 가진 입장은 이미 형성된 한빛고의 결 혹은 흐름을 존중한다는 것과 '아이들이 행복한 학교'를 만들어줘야 겠다는 것이었다. 그리고 아무것도 가지고 들어가지 않고 아무것도 가지고 나오지 않는다는 것이었는데, 나는 그 입장을 충실히 지켰다. 그러나 아쉬움이 남았다.

2000년 당시 김대중 대통령이 집권하던 시기에 학교장으로 부임하면서 한빛고에 세계 조선족 후예 청소년들을 모아 우리 학생들과 함께 세계평화 캠프를 하고 싶었다. 또 우리 한빛고 아이들을 데리고 육로로 평양으로 수학여행을 가려고 생각하고 있었다. 그와 관련하여 1학년 학생들에게 '평화와 인권'교과목을 개설하여 가르치게 하였다. 그런데 재단의 내부분쟁으로 교장이 새로운 일을 시도하는 것이 거의 불가능하였다.

한빛고 교장으로 취임할 당시 내 나이 43살이었는데 사실상 교장역할은 내게 벅찬 일이었다. 대안교육이라는 측면에서 교육목적과 목표 및 인간상 설정 그리고 교육과정 편성과 학사일정 짜는 것 등은 수행할 수 있는 준비는 해왔지만 정작 학교 경영 전반적인 것을 맡아 수행할 수 있을 만큼은 준비가 되어있지 않았다. 그래서 사립학교 교장으로 있다가 재단에 밉보여 재임용에서 탈락하여 쉬고 있는 전직 교장 선생님을 교감으로 발탁하였다. 그분이 내게 부족한 학교 운영에 대한 부분을 채워주었기에 한빛고 교육경영에는 큰 무리가 없었다.

그러나 학교장이 갖추어야 할 다른 요령들 가령, 이사회와의 관계라든가 전직 교장과의 관계 등에서는 아주 서툴러서 이사들 간에 벌어진 패싸움의 소용돌이 속에서 파편을 맞을 수밖에 없었다. 또한 학교발전과 학생들 성장에 도움이 되느냐 마느냐가 학교 경영의 기준이 되기보다는 내 자긍심과 판단에 의지하여 일을 그르친 면도 있었다. 소유권 분쟁으로 이사회가 점점 더 시끄러워졌고 그들의 싸움에 관심이 전혀 없었던 나는 학교장의 역할 수행에 더 이상 미런이 없었기에 학교를 그만두게 되었다. 내가 한빛고에 재직할 당시 전국의 대안학교 중에서 우리 학교 아이들만큼 행복해하는 학교는 없어 보였고, 그러면 내 역할은 충분히 한 것으로 생각하고 미련 없이 학교를 그만두었다. 어른들의 문제는 어른들끼리 한쪽에서 해결하는 것이 옳다고 믿었기 때문이다.

한빛고에 취임하여 경영 미숙으로 내가 일으킨 사건이 하나 있었다. 학교 도서관이 2층으로 지어져서 남녀학생이 공용으로 사용하고 있었는데, 그것을 층별로 나누어 1층은 남학생이, 2층은 여학생이 사용하도록 개조하였다. 남녀분리 도서관 개조 공사를 하게 된 이유는 첫째, 야간에 도서관 관리를 해야 하는 기숙사 사감들의 강력한 요청이 있었기 때문이다. 둘째로는, 당시에 나는 학교 설립자로부터 학교 운영에 대해서, 특히 학교 재정 집행에 대해서 심한 감시와 견제를 받고 있었다. 그런 상황에서 나는, 행여 남녀학생 간에 불미스러운 사건이라도 터지면 재단에 해임의 빌미를 제공할 수도 있다는 위기감이 컸다. 학교를 그만두는 것이 두려운 것이 아니라 학교장으로 취임한 지 1년도 채 지나지 않아서 아직 해야 할 일들을 처리할 시간이 필요하였다. 그렇다고 교사와 학생들과 학부모들에게 설립자와의 극심한 갈등 관계를 세세히 설명할 수도 없었다. 그래서 교사와 학생들 의견도 묻지 않고 교장 직권으로 분리 공사를 시행해버렸다. 학생들의 항의가 빗발쳤고 교사들도 일부 반대 의견을 개진하였다. 할 수 없이 분리된 도서관을 원상 복구하였는데, 그 사건을 겪으면서 내가 한빛고에 오래 머물기는 어렵겠구나, 하는 생각을 하게 되었다.

교장 권위에 맞서 자신들의 의지대로 도서관을 원상 복구시킨 경험을 한 학생들은 기성의 벽을 무너뜨리는 데서 오는 감격을 마음껏 만끽하였다. 학교장이라도 교육경영을 할 때 교육목표와 내용과 방법과 논의과정 등 모든 것을 종합하여 고려해야 하는데, 절차를 무시한 교장의 일방적 정책 시행에 문제를 제기하는 학생들이 처음에는 야속하였지만 금방 대견하게 생각되었다.

6. 생태사상 연구: 함양 녹색대학교(2003.3.~2008.2.)

학교 설립이념

녹색대학교는 창립선언문[28]에서 학교 설립이념으로 생태사상을 채택하였고 생태문명 구축을 목표로 삼았다.

"녹색대학교는 첫째, 기존 문명의 틀에서 벗어나 새 문명의 가능성을 모색하고 아울러 새 삶의 양식을 찾고자 합니다. 무엇보다 생태적으로 조화를 이루면서도 그 안에서 인간다운 삶을 살아갈

---

28) 부록 참조(녹색대학교 창립선언문).

수 있는 방법을 이론으로 연구할 뿐만 아니라 실제로도 구현해 내고자 합니다. 둘째, 녹색대학교는 대학 교육 본연의 모습으로 되돌아가고자 합니다. 기존의 모든 정형화한 제도와 교육 방식에서 과감하게 탈피하여 대학 차원의 대안교육이 어떠해야 하는지 그 전형을 보여주고자 합니다. …" (녹색대학교 창립선언문)

위의 선언문에서처럼, 2003년 당시 우리는 생태문명의 요청을 역사적 당위로 받아들였다. 새로운 문명의 가능성을 모색하고 새로운 삶의 양식을 찾아야만 하는 절박성이 녹색대학의 탄생으로 이어진 것이다.

세 가지 질문

녹색대학교 설립 당시 우리가 스스로 던진 세 가지 질문이 있었다.
- 첫째, 녹색대학교 설립이 시대적·문명사적 요청과 맞닿아 있는가?
- 둘째, 대학을 설립해서 운영할 만큼 우리 사회에 생태사상과 생태학에 대한 학문적 축적이 이루어져 있는가?
- 셋째, 설사 우리 사회에 학문적 역량이 축적되어 있다고 하더라도 그것을 연구하고 교육하고 실천할 교수 자원을 확보할 수 있겠는가?

돌이켜 생각해보아도 그러한 세 가지 질문은 시의적절한 것이었다. 2003년, 녹색대학교가 출범할 당시에도 이미 지구생태계 파괴가 회복 불가능한 위기상태로 치닫고 있었는데, 생태사상과 생태학 연구를 통한 생태문명 구축의 필요성이 절실하게 요청되고 있었기 때문이다. 그와 더불어 우리 사회에도 장회익, 한면희, 허병섭, 김지하, 김종철 등 동양사상에 입각한 생태사상가들이 1990년대부터 이미 자신의 생태사상을 펼치고 있었다. 그리고 그들 대부분과 연구자들이 녹색대학교의 교학을 인도할 교수 자원이 되었다. 그러나 마지막 세 번째 질문인 전문성 확보 여부에 대해서 우리는 관심을 집중하였지만 교육자로서의 연구자들의 인격적 자질에 대한 관심은 소홀히 하였다. 그도 그럴 것이 당시 녹색대학교 창립에 결합하였던 사람들 대부분이 우리 사회 각 분야에서 내로라하는 인물들이었기 때문에 그들의 사회적 지명도를 믿고, 그들이 추천한 연구자들에 대한 검증을 소홀히 하게 된 것이다.

학교 설립과 운영

2001년 여름, 녹색대학교 설립추진위원회 사무총장 장원 선생이 두 번에 걸쳐 광주로 나를 찾아와서 녹색대학교를 함께 만들자고 권했다. 그는 환경운동 단체인 녹색연합을 만들고 사무총장으로서 눈부신 활약을 했던 환경운동가였다. 확답을 피하던 차에 푸른꿈고등학교 공동설립추진위원장이었던 허병섭 목사와 귀농운동본부장 이병철 선생으로부터 같은 전화가 왔다. 녹색대학교를 만드는 과정에서 학교를 만들어 보고 운영해 본 사람이 없으니 와서 도움을 달라고 하였다. 이렇게 한빛고 교장 이후 생태사상에 기반을 둔 함양 녹색대학교 창립에 참여하게 되었다. 녹색대학교 창립과정에서 초기에는 이념학제위원장을 맡아 일하다가 그 일을 한면희 교수에게 넘기고 기획위원장으로 활동하였고 녹색교육학과 설립과 운영 설계와 실행을 맡았다.

대학 설립 이후에 대학원 교육학과에서 강의를 하게 되었는데 그것은 또 다른 체험이었다. 학제 상으로 보면 고등학교까지는 교육을 하는 곳이고 대학부터는 학문을 하는 곳인데 뜻하지 않게 대학교수 역할을 하면서 전문성의 문제로 많은 어려움을 겪었다. 학부에서 서양사를 전공하고 대학원에서 신학을 전공한 내가 대안교육에 전문성이 조금 있다 하여 교육학과를 맡았는데, 교육학 전공자가 아닌 내가 그 자리에 있는 것이 남의 옷을 입고 있는 것처럼 거북살스러웠다. 내 인생에서 그렇게 엉거주춤하고 옹색한 역할은 처음이었지만 대안교육이라는 것이 기존의 학제와 학위제도에 대한 문제의식에서 출발하였기 때문에 대학교수 역을 수용할 수 있었다.

미인가 학교에 재학 중인 학생들은 인가 학교가 줄 수 있는 제도적 인증을 학교에서 받을 수 없기 때문에, 인가 학교에서보다 교육 내용의 충실성을 훨씬 높게 요구한다. 그래서 교수나 선생들이 열심히 연구하지 않으면 금방 비난을 받거나 심한 경우에는 폐강 당하는 수모를 겪게 된다.

녹색대에서의 6년은 내가 학문적 소양을 쌓는 데 좋은 배움터였다. 2003년 개교한 첫해부터 생태학 공부를 필두로 2005년부터는 연구실에 앉아 3년 동안 꼬박 책을 읽고 연구에 몰두하게 되었고 그때부터 본격적인 글쓰기를 시작하였다. 주로 철학(서양철학, 불교, 인도철학)과 사망학 thanatology, 교사론과 생태사상과 관련된 책들을 읽고 연구·정리하는 시간을 많이 가졌고, 그것들을 강의로 풀어내면서 대학에서의 선생 역할을 하게 되었다. 초·중등학교 선생에게 필요한 덕목이 아이들의 이야기를 들어주고 이해하고 소통하며 잘 어울리는 것이라면, 대학에서의 선생은 스스로 학문하는 즐거움을 알아야 하고 그 즐거움을 학생 혹은 연구자들과 함께 나누는 데서 기쁨을 느껴야 한다. 이 기간에 여러 대안학교에서 교장으로 초빙하는 것을 모두 거절하고 연구실에 박혀 있었던 덕택으로 이후 지혜학교 설립을 준비할 수 있었다. 녹색대학에서 아쉬웠던 점은 월급이 너무 적었던 것이지만, 그래도 그것은 나머지 장점에 비하면 약간 불편한 것에 불과하였다.

예고된 분쟁

그러나 녹색대학교는 드높은 이상과는 달리 처음부터 분쟁을 안고 탄생하였다. '같은 산에는 호랑이 여러 마리가 살기 어렵다'라는 것도 녹색대학교 운영의 어려운 측면으로 작동하였다. 당시 남한 사회에서 내로라하는 생태연구자와 생명·평화활동가들이 거의 모여 학교를 만들었는데, 그것이 긍정적인 면으로 작동하였지만 치명직인 한계로도 작용하였다.

또한 설립 당시부터 녹색대학교에는 설립의 방향을 둘러싼 두 흐름이 존재하였다. 생태문명 연구를 우선 하되 거기에 따른 실천을 병행해가자는 쪽과 생태공동체를 우선으로 삼되 거기에 필요한 연구를 병행하자는 쪽이 있었다. 다만 두 흐름이 처음 학교 설립 당시에는 겉으로 드러나기 어려웠기에 먼저 대학 기능을 우선시하는 흐름으로 개교하였다. 그러나 막상 학교 문을 열고 보니 학부생 중 다수는 연구보다는 생태공동체 생활에 더 관심을 두고 있었고 그것이 나중에 녹색대학교에서 온배움터 전환의 에너지로 작용하였다.

교수 임용에 관한 파행과 학교 창립 과정상에서 발생한 재정 운영의 불투명성도 갈등을 증폭시키는 요인이 되었다. 그중 인사에 관한 것은 나를 포함한 교수 몇 명이 문제를 제기하였고, 재정 문제에 관해서는 학부생들과 자연의학과 대학원생들이 집요하게 문제 삼았다. 이것이 녹색대학교 침몰의 시작이었고 이후 몇 차례에 걸쳐 내부분쟁이 있었다. 나는 녹색대학교와 같은 대안대학에서 동료 교수가 모르는 상태에서 두 교수에 대한 인사 발령이 이루어진 것을 도저히 묵과할 수 없었다. 게다가 그 두 교수는 첫 강의 이후로 학생들이 강의의 질과 내용을 문제 삼아 수업 거부를 하였기 때문에 교수직을 그만둘 수밖에 없었다.

재정 불투명성의 문제는 우여곡절 끝에 회계법인으로부터 별 무리가 없는 것으로 판명되었지만 그 후유증이 컸다. 그 과정에서 변혁운동을 하는 사람들이 그 이상과 다르게 왜 모이면 싸움을 하는가에 대한 절박한 질문이 저절로 튀어나왔다. 자기 성찰이 우선인 지혜교육의 필요성이 대두된 것이다.

불교에서는 인간을 범부중생, 현인, 성인, 각자覺者의 4종류로 나눈다. 그중에서 현인은 인과의 법칙을 모르고 살거나 무시하며 자신의 이익만을 추구하는 범부중생의 단계를 넘어선 사람이다. 세계에서 사회개혁에 헌신하는 대부분의 사람은 현인에 속한다. 현인은 봄에 씨를 뿌려야 가을에 수확할 수 있다는 것을 알고, 충실한 수확을 위해서 열심히, 성실하게 노력하고 그 결실을 자신의 것으로 받아들인다. 그들은 노력한 만큼 결실이 자신에게 주어진다고 생각하기 때문에 최선을 다해 어떤 일을 이루고자 노력한다. 그들은 비판적 이성이 발달한 사람들이다. 그렇기 때문에 자신이 설정한 윤리적 기준에 반하는 행위들에 날카로운 이성을 들이댄다. 왜 저 사람은 씨를 뿌리지도 않고 결실을 거두는가에 대해 가차 없는 칼날을 들이댄다. 그러한 습성은 동지들 간에도 벌어지는데 그것이 조직분규로 이어진다. 녹색대학 구성원들 대부분이 이 부류에 속하였고, 그래서 분쟁은 피하기 어려운 일이었다.

내가 녹색대학교에서 인사의 파행을 문제 삼은 것은 그 사안 자체가 문제이기도 하였지만, 한빛고에서 재단의 횡포에 맞서 싸우지 않고 그냥 사표를 쓰고 나온 것을 후회하고 있었기 때문이기도 하다. 내 바람과는 달리 한빛고는 재단 측과 거기에 대항하는 교사, 학부모, 학생의 양쪽으로 나뉘어 분쟁의 나락으로 빠져들고 있었다. 싸워야만 했다면 내가 앞장을 섰어야 하는데, '아이들이 행복한 학교면 된다'라는 안일한 생각으로 훌쩍 학교를 떠난 것에 대한 회한이 있었기 때문이기도 하였다. 그러한 내 행태가 녹색대학교가 침몰하는 데 일조한 것을 생각할 때마다 책임감을 통감한다. 그러나 대안대학에서 교직원 인사에서 교수들도 모르게 일이 진행된다면 그것은 그냥 넘길 일은 결코 아니었다.

7. 지혜교육: 광주 지혜학교(2008.3.~2013.3.)

"… 지혜학교는 다음의 두 가지를 위해 설립됩니다.

- 첫째, 반생명적이고 물질중심적인 현대문명의 모순을 극복하고 생태적이고 영성적인 새로운 미래문명을 꿈꾸고 만들어 갈 기반을 만들자는 것입니다.
- 둘째, 지혜학교는 교육 그 본연의 모습을 회복하여 아이들의

삶 자체의 고유한 가치를 인정하고자 합니다. [29] …"

2009년 6월 13일 광주민주화운동기념관에서 광주를 비롯한 전국 각지에서 온 500여 명의 사람이 모여 지혜학교 창립을 선언하였다. 학교 설립 준비를 시작한 지 일 년 만이었다.

왜 우리는 모이기만 하면 싸우는가?

선의지로 역사발전에 기여하려고 모인 우리는 왜 모이기만 하면 싸우는가, 하는 질문은 푸른꿈고등학교 설립 때부터 시작하여 한빛고등학교, 녹색대학교의 갈등을 겪으면서 증폭되었고 급기야 근본적인 대안을 요구하였다. 녹색대학교에서 지혜교육으로 옮겨 온 것은, 특정한 사상이나 이념보다 선행되어야 하는 것이 있어야 한다는 때문이었다. 기독교 박애주의, 자유주의교육, 해방교육, 생태교육은 모두 나름의 특장점을 가지고 있다. 그런데 문제가 되는 것은 그런 교육을 지향해 온 내가 시선을 밖으로만 돌리고 살아왔다는 점이다. 자기반성이나 성찰이 결여된 삶이나 운동, 교육이나 연구는 그것들이 갖는 장점에도 불구하고 혼란과 분열과 분쟁을 야기하는 경우가 허다하다. 살면서 해온 환경운동(녹색연합 대표 등)이나 교육운동에서 분쟁이 끊이지 않았던 것은 내가 아닌 타인에게서 문제

---

29) 부록 참조(지혜학교 창립선언문).

의 원인을 찾아왔기 때문이다.

우리 인간은 신체 구조상 밖을 향하여 안테나를 세우고 살게 되어 있다. 인간의 감각기관은 밖에서 들어오는 정보를 수용하고 해석하는데 그것은 동물들도 가지고 있는 기능들로서 주로 생존과 관련된 것들이다. 인간의 삶이 생존만을 위한 것이라 한다면 즉자적으로 수신되는 감각에 의지하여 판단하고 살면 되겠지만, 인간은 사유하고 문화를 창조하고 근본적으로 행복을 추구하는 존재이다. 그렇기 때문에 자기 안을 향한 안테나를 스스로 세우고 그곳을 주목하는 훈련이 필요하다. 그래야 안과 밖의 균형과 조화가 오고 이웃들과의 호혜적 상생이 가능해진다. 그러한 생각이 자연스럽게 지혜학교로 이어졌다.

솔성수도회[30] 결성과 지혜학교 설립

긴 시간에 걸친, '왜 우리는 모이기만 하면 싸우는가?'라는 질문에 대한 대답은 솔성수도회의 결성으로 이어졌고, 수도회 산하에 솔성수도원을 설립하게 되었다. 2007년에 설립된 솔성수도회는 특정 종교의 수도회가 아니고 구성원들이 각자의 영성에 따라 자기 자리에서 각자의 방식대로 자기 성찰과 수행을 하기 위해 만든 '상가(공동체)'다. 그래서 서로 다른 종교에 속한 사람들과 비종교인도 참여가

---

30) 『중용』 제1장 "天命之謂性(천명지위성)이요, 率性之謂道(솔성지위도)요, 修道之謂敎(수도지위교)니라"에서 차용.

가능한 수도회다. 수도회가 표방한 '자기 성찰과 수행'은 개인뿐만 아니라 개인이 속한 공동체를 대상으로 하는 개념이다.

수도회가 이어서 시도한 것은 성인 대상의 지혜학교였는데 그 일환으로 2007년 한 해 동안 수도회 구성원들이 1주일에 한 번씩 모여 명상 수련과 영성철학 공부를 하였다. 명상은 선암사 강주인 목우 스님이 이끌었고 강의는 솔성수도원 원장인 김한중 목사가 맡았다. 이어서 2008~2009년에는 일반인을 대상으로 하는 시민강좌를 열었다. 그리고 2008년에 청소년 대상의 철학·인문학 중·고 통합과정의 6년제 학교를 만들자고 결의하였는데 그것이 바로 2010년 3월 1일자로 문을 연 광주 지혜학교다.[31)

수도회 구성원들과 전국 각지의 시민들이 십시일반으로 설립 자금을 마련하였는데 감동적이었다. 집을 담보로 저당 잡혀서 돈을 빌려준 사람, 넉넉하지 않은 살림살이에도 빚을 내어서 3천만 원을 가지고 온 사람, 집 지으려고 사 놓은 땅을 팔아 보탠 사람, 보험을 해약해서 가져온 사람, 땅 한 평 사기 운동(평당 25만 원)에 동참한 사람 등 많은 이들이 마음을 모아 학교 설립의 종잣돈을 마련하였다. 학교 용지는 광주광역시 광산구 등임동에 있는 폐교 터를 방림신협으로부터 매입하였다. 용지 비용이 당시 가격으로 10억 원이어서 벅찼지만 수많은 사람의 마음을 모아 마침내 학교 터를 매입할 수

---

31) 수도회 산하에 있는 솔성수도원과 지혜학교는 협력관계로서, 수도원은 지혜학교 학생 과 학부모 및 교사들의 명상 활동을 지도하기로 하였다. 또한 수도원 건물에서 지혜학 교 교사들을 대상으로 하는 대학원대학(생명학대학원, 석·박사 통합과정) 과정 개설을 구상하였다.

있었다. 설립 주체들을 포함하여 설립에 참여한 분들과 시민들 그리고 언론(한겨레신문, 시사IN, 프레시안, 오마이뉴스, 광주KBS TV, 광주MBC TV 등)의 협력과 기대에 힘입어 드디어 2010년 지혜학교가 탄생하게 되었다. 철학·인문학 학교를 표방하였기 때문에 학교 설립에 원승룡 교수를 포함한 전남대학교 철학과 교수들의 도움이 컸다. 학교 설립과 운영의 경험이 있는 내가 초대 교장을 맡게 되었다.

그런데 순조롭게 진행될 것 같았던 학교 설립에 첫 위기가 찾아왔다. 학교설립추진위원장이던 내가 2009년 7월 초 전남대 철학과와 합동으로 진행한 학교 설립 세미나를 마치고 나서 바로 폐출혈 등의 합병증으로 전남대병원 응급실에 입원하게 된 것이다. 30대 초반에 내게 찾아온 급성 간염이 40대 초반에 간경변으로 진행되었고 그 상태가 더 악화하여 50대 초반에는 간경변 말기에 이르렀는데, 폐출혈과 심혈관경색증으로 위험한 고비를 맞게 되었다. 어떤 일이 완성되기 이전에 그 일의 중심축이 흔들리면 그 일을 이루는 데 큰 타격을 받을 수밖에 없다. 병상에서 학교 설립을 중단할 것인지 계속할 것인지 많은 생각이 들었지만, 기왕 여기까지 왔는데 계속 진행하기로 동지들과 뜻을 모았다. 그러나 개교 후에도 식도 정맥류 출혈로 몇 번 응급실 신세를 지면서 지혜학교를 운영하였기에 학생들과 제대로 교감할 여유가 없었다. 복수가 차서 배가 출렁거리는 가운데 침대에 누워서 선생님들과 겨우 회의나 하는 상태였기에 학교 구성원들에게 큰 불안감을 안겨주었다. 그런 나를 선생님들과 학부모님들이 얼마나 조마조마하게 지켜볼까 하는 생각으로 염치가 없었다. 2012년 여름에 의사가 더는 생존이 불가능하다는 진단을 내렸고 가을 학기에 간 이식 수술을 받게 되어 학교를 그만두었다.

성찰적 지성인

지혜학교는 일반 교육이 유실한 것들을 회복하려는 생각으로 만든 학교다.[32] 일반 교육이 유실한 것은 자기 성찰과 지혜교육과 상생적 윤리의식의 확보에 관한 교육이다. 근대 사회는 지식인을 순수이성과 도구적 이성을 가진 사람으로 국한했다.[33] 그래서 근대 이후 공교육에서 '교사' 혹은 '선생'은 교과 전문인과 동일한 의미를 갖게 되었다. 이런 상황에서 나는 선생을 전문인뿐만 아니라 지혜를 추구하는 성찰적 지성인과 윤리·도덕적으로도 성숙한 사람으로 확장해 보았다. 철학·인문학적 기초 아래에 지혜교육과 생명·생태교육도 담당해보려는 시도를 한 것이다. 그 결과 지혜교육을 통한 바람직한 인간상을 '성찰적 지성인'으로 설정하였고 '성찰적 지성인'을 아래와 같이 설정하였다.[34]

---

32) 부록 참조(지혜학교 설립제안서).

33) 아리스토텔레스는 지식 혹은 이성을 소피아(영성 혹은 지혜), 프로네시스(윤리적·도덕적 이성), 에피스테메(순수이성에 입각한 지식, 자연과학적 지식), 테크네(기술적·도구적 이성)로 나누었다.

34) 김창수, 『지혜를 찾는 교육』, 현자의 마을, 2013, p78.
지혜학교나 지혜교육에 관해 더 생각해보고 싶으면 지혜교육에 관한 필자의 글들을 참조할 것.

성찰적 지성인은 '지성인'과 '구도자'의 합류를 전제하는데, 그것은 대지에 발 딛고 서서 앞으로 나아가는 인간, 진보와 전진을 지향하는 도상의 존재로서의 인간, 존재의 초월을 꿈꾸는 인간, 자기 안의 신성을 찾아가는 인간을 말한다.[35] 그리고 그러한 인간형이 구체적인 현실에서는 다음과 같은 4가지 품성을 갖춘 인간으로 드러난다.

첫째, 성찰적 지성인은 먼저 현실 역사발전에 민감한 사람을 일컫는다. 성찰적 지성인은 바른 역사의식으로 자신이 처한 현실의 모순을 타파하려는 사람이다. 그는 5·18광주민중항쟁과 같은, 반독재 민주화 투쟁에 투신할 줄 아는 사람이며, 反권위주의 운동에 앞장서는 사람이다. 성찰적 지성인은 소수자, 타자 등 사회적 모순으로 인해 고통당하는 민중의 고통을 외면하지 않으며 소수자적 당파성에 기초하되 강자들도 피해자임을 간과하지 않는다.

둘째, 성찰적 지성인은 또한 생태적 삶을 배우고 익히며 실천하는 사람이다. 성찰적 지성인은 인간은 물론이고 생명을 가진 모든 존재, 나아가 비생명적 존재까지도 호혜적 관계의 장 속에 둘 줄 아는 사람이다. '생태적'이라 함은 관계 지향적이며 다양성을 인정할 줄 알고, 총체적 시각을 견지할 수 있고, 개방적이며 순환적 질서를 수용하는 사람을 일컫는다.

셋째, 성찰적 지성인은 사상적 자립을 이룬 사람이다. 개인이나 집단 혹은 공동체가 계속성을 유지하기 위해서는 자기 존재의 현존

---

35) 니체의 『차라투스트라는 이렇게 말하였다』와 타고르의 『기탄잘리』중 스무 번째 시 '연꽃이 피었던 날'에 나오는 인간상을 상정한 것이다.

이나 필연성에 대한 명확한 의식이 있어야 하며 거기에 합당한 사상적 체계를 갖추어야 한다.

넷째, 성찰적 지성인은 '나는 누구인가?'라는 질문을 통해 궁극적으로는 자기 초월을 추구하는 사람(영적 각성을 추구하는 사람)이다. 인간은 동물성과 신성 모두를 중층적으로, 복합적으로, 미발현 혹은 발현 형태로 자기 안에 가지고 있으며 인간이 자기 자신의 동물성에 주목할 때 인간은 동물로 전락할 것이며, 인간이 자신의 초월적 능력에 관심을 기울일 때 인간은 무지에서 지혜로의 '강'을 건널 수 있을 것이다. 신성 개발, 차원 변화로 나아가려는 인간, 그가 바로 성찰적 지성인인 것이다.

다음은 지혜학교가 지향하는 인간상을 시로 표현한 것이다.

서시[36]

평생을 타인의 눈만 들여다보았다 한들

눈으로 하는 이야기

오가는 시선에 얽힌 정이 가당키나 하겠느냐

눈부처 그윽한 상으로 서로를 담아

너와 내가 서로에게 무엇이 될 때

지혜학교 머릿돌이 되질 않았느냐

---

36) 김창수, 계간 『코스모스』, 2016, 겨울호.

귀, 코만 파다 세월 보내는 이비인후과 의사로도
숨결에 묻은 그리움
꼭꼭 숨은 내밀한 소리가 들리겠느냐
너의 내음 나의 음성이 설레임으로
우리의 가슴에 깃발이 되어
지혜학교 무녀리가 되질 않았느냐

천둥이 따로 있다더냐
오르락 내리락 오르내리락
지혜는 그렇게 하늘땅이여!
보이지 않는 것도 볼 줄 알아라
들리지 않는 소리도 들을 줄 알아라
어등산 오르고 황룡강에 서라

앞으로 뒤로 우 아래 좌우로
지혜는 그렇게 시방세계를
번개처럼 빠르고 검처럼 예리하게
무지와 탐욕과 성냄을 갈라
드러나지 않는 것을 하나도 없게 하여라
등임登臨[37]이 어디에도 있게 하여라

---

37) 지혜학교가 소재한 곳이 등임(登臨)동이어서 학교철학과 지역명이 일치한다.

때로는 순간이 영원이 되어

상상으로도 끝이 보이지 않는 형벌 같은 시간도

너머 바라보면 영원도 찰나가 되나니

아이들을 하느님으로 가슴에 모시고

선생이여, 부모여, 예비자여!

새벽 강처럼 맑고 신선한 지혜자이거라!

3불(불안, 불안정, 불화)

- 불안[38]

지혜학교는 비인가 대안학교로 늘 불안을 안고 간다. 우리가 인가를 받지 않았던 것은 학생들을 몰개성적인 성적으로 평가해야 하고, 철학·인문학 대안학교 취지에 맞는 분야의 자격증 소지자 교사 채용이 어렵고, 교육과정 편성과 학사일정을 통제받아야 하기 때문이다.

그런데 인가받지 않은 학교를 운영한다는 것이 그리 만만한 일이 아니다. 늘 교육 당국으로부터 고소·고발과 학교 폐쇄 명령을 당할 위험을 안고 살아가야 하기 때문이다. 현행법상으로 보면 ○○학교 명칭을 사용한다든지 학교처럼 학제를 편성하여 운영하는 것은 불법인데, 교육 당국 입장에서는 비인가 대안학교의 교육역량이나 공

---

38) 2020년 12월 9일 대안교육기관에 관한 법이 국회를 통과해서 비인가 대안학교에 대한 당국의 탄압이 다소 누그러질 것으로 예상된다.

헌과 상관없이 단속해야 하기 때문에 어쩔 수 없이 행정행위를 하곤 한다.

지혜학교의 경우도, 학교장이 교육 당국으로부터 고발되어 재판까지 갔지만 선고유예 판결을 받았다. 그 이유는 현행법상으로는 문제가 있어도 현실적으로는 이미 인가·비인가의 경계가 허물어지고 있기 때문이다. 현재 세계의 교육이 공교육, 대안교육, 학교 밖(탈학교)교육으로 3분화 되어 이루어지고 있는 마당에 법적 기준으로만 교육 형태를 판단하는 데는 한계가 뚜렷한 것이 현실이다. 그나마 다행인 것은 우리나라에서도 탈학교(학교 밖) 아이들을 위한 비인가 대안학교에 관한 법과 조례 제정이 이루어져 가고 있다는 점이다.

- 불안정

비인가 대안학교는 재정 부족, 교사 이직, 학생 이탈, 입학생 감소 등의 학교 운영상의 불안정 요소를 가지고 간다. 그중에서 비인가 대안학교가 겪는 가장 큰 어려움은 턱없이 부족한 재정이다. 현재 비인가 대안학교들은 우리나라 공교육에서 학생당 지급되는 교육비를 거의 지원받지 못하고 있다. 정부 지원이 없는 상태에서 교육비, 인건비, 운영비, 시설비, 관리비 등을 마련하는 것이 너무나 버겁다. 오롯이 학부모들의 등록금만으로 학교를 운영해야 한다. 그래서 학생의 입학·전입·자퇴에 민감할 수밖에 없다. 이러한 재정에 관한 부분도 비인가 대안학교 지원에 관한 법적 장치 마련을 필요로 한다.

근무조건이 열악하기 때문에 교사들의 이직률도 높다. 꿈과 희망을 가지고 찾아온 대안학교지만 늘 생계 불안에 시달리는 교사들은 어쩔 수 없이 현장을 떠나야 하는 경우가 많다.

게다가 학생들은 또 갖가지 묘기를 부리며 선생들의 혼을 쏙 빼놓는 경우가 허다하다. 아이들은 특성상 그렇게 하면서 성장한다는 것을 알기에 믿고 기다리는데, 그것이 그리 만만한 일이 아니다. 그래서 비인가 대안학교에서는 학교 구성원 중 교장은 물론이고 교직원, 학부모, 학생 모두 불안정 상태에서 긴장을 안고 살아간다.

- 불화

문명 안에 있는 인간은 코드화, 영토화, 정주화, 매뉴얼화되어 있는 현실을 별 문제의식 없이 받아들인다. 대안학교에 온 학생들이나 대안학교에 아이를 보낸 부모님들 그리고 교사들은 자신이 살고 있는 문명에 대한 비판자들인 경우가 대부분이다. 정주를 거부한 유목민은 바깥의 세계 즉, 자유를 꿈꾼다. 자유를 꿈꾸는 대가는 혹독하다. 자신들을 감시하고 있는 카메라를 식별해 내는 것부터 시작해서 자신 안에 내면화되어 있는 문화 코드, 식민의식을 인식하고 거기로부터 탈출을 감행해야 하기 때문이다. 거기서 요구되는 덕목은 자기 자신과의 불화이다.

대안학교는 주로 시골에 있고 거의 기숙사 생활을 한다. 학생들이 부모 곁을 떠나 기숙사 생활을 하며 학교에 다닌다. 그런 상황에서 교사들은 학생들이 학교를 탈출해서 어디로 가버리는 사건(교출, 敎出)이 발생하면 학생에 대한 염려와 동시에 '드디어 올 것이 왔다'라는 생각을 하게 된다.

대안학교 학생들이 교출을 하게 되는 것은 주로 자기 자신에 대한 물음 즉 '나는 누구인가?' '나는 잘 살아왔고 잘 살아가고 있는가?' '나는 어디를 향하여 가고 있는가?' 등의 질문에 대해 스스로 해답을 찾는 것이 극도로 혼란스러울 때이다. 그래서 대안학교 교사는, 학생이 어느 날 갑자기 학교를 떠나 무작정 어디론가 가버리는 것을 불안과 기대의 눈으로 바라본다.

개교 첫해인 2010년 4월에 4학년(고1) 남학생이 교출을 해서 해남 땅끝에 가 있는 사건이 발생하였다. 평소 낙천적 기질로 여유만만해 보이던 남학생이었는데 학교로서는 맑은 하늘에 날벼락 같았다. 학교를 떠나 발길 닿는 대로 떠난 학생의 마음은 얼마나 혼란스러웠겠으며 부모님들과 여러 선생님도 얼마나 염려가 되었겠는가? 그런데 오랜 경험을 쌓은 지혜로운 교사는 그 학생이 얼마나 대견한지 모른다. 아이가 드디어 부모와 교사 그리고 사회가 정해준 틀을 벗고 스스로 날갯짓을 시작했다는 것을 알기 때문이다. 지혜로운 교사는 학생의 교출이 들뢰즈가 말한 일종의 '탈주'의 시작임을 알기 때문이다.

그렇게 교출을 하고 돌아온 학생을 교사들은 내놓고 환영식을 하지는 않는다. 아직 자기 내면을 향한 고뇌 지수가 임계점을 넘어서지 못한 학생들이 따라 할까 걱정이 되기 때문이다. 교출은 모방에서가 아니라 스스로 내면에서 복받쳐 오르는, 자신과 세계에 대한 물음이 정점에 다다랐을 때 이루어져야 큰 성과가 발생한다. 새가 알을 깨고 나오는 바로 그 '때'가 있다. 새로운 탄생은 누가 알려주거나 해결해 줄 수 있는 문제가 아니다. 오직 자신만이 그것을 알 수 있고 바로 그 '때'를 알 수 있는 것이고, 그때 선생은 '앓이'를 하는 학생을 돕는 자다. 아무튼 대안학교에서 교출은 학생들을 성숙시키는 역할을 하게 된다.

여학생의 경우는 교출 같은 것보다는 학교 내에서 자신의 고뇌를 터트리며 한 매듭씩 풀어가는 경우가 많다.

그린아!

도서관 한쪽 귀퉁이에서
잇 사이로 간간이 흘러나오던 작은 울음이
친구 무릎에 얼굴을 묻자 오열로 변하더니만
그린아, 무에 그리 서럽게 울어야 했더냐

친구들 하나둘씩 몰려오고

선생님들 무슨 일인가 고개를 내밀 때
네 울음 도서관 너머 복도를 타고
교실마다 학생들마다 전체 학교를 삼키게까지
그린아, 무에 그리 고통스럽게 울어야 했더냐

왜냐고 왜 우느냐고 그러지 말라고
네 울음 따라 친구가 울먹이고 선생님도 가슴을 누를 때
울어야 하는 이유, 슬픔의 이유마저도
네 큰 울음은 맑게 개인 하늘이 되어
처음 시작한 학교 처음 만들어가는 관계 그 큰 긴장을
그린아, 파릇하게 씻어 내었구나

(2010.7.)

'그린'이의 울음 사건은 2010년 지혜학교가 개교하고 나서 여름방학이 다 되어 가던 어느 날 발생했다. 도서관에서 책을 보다 갑자기 그린이가 울먹였다. 곁에 있던 친구가 달래자 그린이는 "엉엉" 점점 더 큰 소리로 통곡을 하였다. 사실 그린이의 눈물에서는 뚜렷한 이유를 찾기 어려웠다. 학교 이전의 개인적인 삶의 무게와 처음 문을 연 학교생활에서 쌓인 무의식적 중압감 그리고 뭔가를 향한 그리움이 그린이를 서럽게 울게 한 것이었기 때문에 위로나 질문이 필요 없었다. 그냥 옆에서 안아주고 함께해주면 되는 것이었다. 그린이

가 진정된 후에도 상담이 필요 없었다. 그린이의 울음은 모든 학생과 교사 등 학교 구성원들 모두의 울음이었고, 그렇게 대안학교 구성원들인 우리는 한 걸음 앞으로 나아가게 되었다. 그린이의 울음 사건은 우리 모두에게 사막을 뚫고 솟아오른 오아시스가 된 것이다. 이렇게 비틀거리며 미인가 대안학교는 자기와의 불화를 한 걸음씩 극복해 간다.

학교장의 책무

대안학교 학교장의 두 가지 책무는 교사들의 폭력으로부터 학생들을 보호하고 학부모의 폭력으로부터 교사와 학생을 보호하는 것이다. 공교육에서 교육의 3 주체는 학생, 교사, 학부모라고 한다. 그런데 그것은 명목상의 이야기이고 실제로는 그 3자 중 아무도 교육의 주체가 아닌 것이 현실이다. 대안교육은 공교육보다 교육 3 주체의 역할이 크다. 3 주체는 상호협력 관계를 형성하려고 애쓰고 그것이 결국 학생들의 성장에 도움이 된다는 것을 알고 있다. 그런데 간혹 교사나 학생에게 반교육적 영향을 미치는 학부모가 있기도 하다.

2010년 5월 석가탄신일 하루 전에 서울 출장에서 돌아와 보니 4학년(고1) 여학생 한 명이 학교에 없었다. 사유를 알아보니 그 학생 엄마가 언니 대학 진학을 빌기 위해 석탄일을 맞아 절에 불공을 드리러 아이를 데리고 갔다고 하였다. 담임선생에게 학교장 허락을 받지 않고 다시는 학생을 집으로 돌려보내지 말라고 주의를 시켰다. 그리고 그 아이 엄마에게 전화로, 혹시 언니는 동생인 우리 학생을 위해 절에 불공을 드리러 간 적이 있느냐고 물었다. 한 번도 없었다는 대답에, 다시는 아이를 언니의 시녀처럼 부리지 말라고 경고하였다. 어려서부터 공부를 잘하는 언니와 늘 모자란 듯 보이는 동생은 엄마에 의해 공주와 시녀 역할로 설정된 것이다. 이런 경우는 우리 주위에서 흔하게 보는 풍경이기도 하다. 대안학교는 가족관계의 정상화가 교육의 질을 높이는 데 필수적이라고 본다. 학생의 성장에는 교사와 학부모의 성장이 동반해야 함을 알고 있다. 그래서 교사와 학부모들의 공부 모임을 시행한다.

　공교육에서 교사들은 평소에 피해의식에 젖어 산다. 그도 그럴 것이 교육부나 교육청이 학교장을 통해 교육과정과 교육내용을 관장하고 통제함으로써 교사들의 개성이나 주체성이 드러날 기회가 차단되고 있기 때문이다. 교사는 정해진 역할에 수동적 반응을 보이면 된다. 사실관계를 제대로 보는 교사는 자신이 피해자이면서 가해자일 수 있다는 양가감정을 직시하지만, 대부분의 교사는 피해의식을 더 드러낸다. 그러나 학생 입장에서 보면 교사는 권력자일 가능성이 크다. 대안학교에서도 교사는 권력자일 가능성이 있다. 따라서 공교육에서건 대안학교에서건 학교장은 교사로부터 학생들의 인권을 지켜야 할 책무를 진다.

대항적 대안교육과 근본적 대안교육 사이에서[39]

지혜학교는 우리 사회가 내놓을 수 있는 대항적 대안교육 영역의 마지막 대안 중 하나라고 생각한다. 지혜학교 교육이 대항적 대안 교육인 이유는 낡은 틀(6-3-3-4학제 등)에 새로운 세계(사상과 문명)를 담으려고 하였다는 점이다. 지혜학교는 사람살이에 밝은 지혜를 가진 인간과 사람을 넘어서 보는 인간을 목표로 설립하였는데, 무게중심은 사람살이를 제대로 하는, 즉 사람이 되는 교육에 두었다. 이 점에서 지혜교육은 대안교육에서 마지막 대안 중 하나일 수 있다.

사람됨의 교육은 인문학교육이 지향할 수 있는 가장 바람직한 교육목표이다. 사람됨의 교육은 인간이 동물들과 공유하는 자연적 의식을 넘어 반성의식, 성찰의식까지 포함한다. 교육에서 학생들에게 명상이나 수도, 수행이나 기도 등으로 이성의 상태를 넘으라고 주문하는 것은 학생의 발달과정에 적합하지 않다. 다만 그러한 영역에 대한 안내 정도의 교육은 필요하다고 본다.

---

39) 대안교육에 관한 자세한 내용은 부록 참조(대안교육과 대안학교).

8. 마주침과 응답

내가 평생 선생의 길을 걷게 된 동인을 한 단어로 표현한다면 '마주침encounter'이다. 고아들과 마주쳐서 보육원 야학을 시작했고, 교회에 오가다 삼동고등공민학교 학생들을 만나면서 그 학교 교사로 살았다. 서울대 서양사학과 사무실에 역사 선생을 보내달라고 한 중앙고등학교의 요청으로 중앙고에 부임하였고, 중앙고에서 자살한 학생을 목격하면서 대안학교를 만들게 되었으며, 인간의 탐욕으로 죽어가는 생태계를 보면서 생태학교(푸른꿈고등학교, 한빛고등학교, 녹색대학교)를 꿈꾸게 되었다. 나 자신의 내면에 있는 무지와 탐욕과 화와 마주치면서 지혜교육을 구상하게 되었다. 나의 선생 역할은, '마주침'이 어느 날 그렇게 불쑥불쑥 찾아왔고 거기에 응답하는 과정이었다.

따지고 보면 누가 내게 선생이 되라고 직접적으로 말해준 사람은 없었다. 다만 나를 필요로 하는 곳에서 아이들을 가르쳐 왔는데, 그것으로 그 누군가가 나에게 선생이 되라고 명령하였다는 생각으로 살아왔다. 보육원 야학과 교회학교, 보육원 총무, 삼동고등공민학교, 중앙고등학교, 푸른꿈고등학교, 한빛고등학교, 녹색대학교, 지혜학교로 이어진 내 교육활동은 각 활동의 장마다 독특한 경험이었다. 그러나 다양한 현장에서 교육행위를 하였지만 일관된 선생 노룻이었다. 기독교적 인도주의 사상에 입각한 교육을 시작으로 자유교육, 해방교육, 생태교육, 지혜교육에 이르기까지 고달프지만 황홀하고도 신나고 행복한 여정이었다.

처음부터 선생은 따로 존재하지 않았다. 태어나면서부터 선생이기 때문에 선생을 하는 것이 아니라 선생 노릇을 하면서 선생이 되어간다. 태어나서 자식이 되고, 결혼을 하여 남편과 아내가 되고, 자식을 낳고 어미와 아비가 되듯이, 선생들을 만나고 학생들을 만나면서 선생이 되어 간다. 그러니 기죽을 필요는 없다. 다만 혼신의 힘을 다해 바른 선생 노릇을 하려고 애를 쓰다 보면 반듯한 선생이 되어 있을 것이라 믿는다. 교학상장敎學相長이다. 가르치면서 배우고 배우면서 가르치는 것이 선생이다.

2장

여전히 그리운 선생이여

●

20대 초반부터 선생 노릇을 하면서도 '내게도 선생이 필요하다'라는 생각에서 벗어나기가 어려웠다. 여기저기에서 선생을 만났고 이리저리 찾아다니며 선생을 만났다. 그 가운데 만난 선생은 주로 예수와 관련이 있었다.

1. 처음 만난 선생, 김경석 목사

  고등학교 졸업 후 내가 교육의 현장에서나 사회에서 맨 처음 만난 선생은 기독교 박애주의 사상을 가진 목사였다. 고등학교 2학년 때부터 다니기 시작한 교회였지만 그것은 신앙심이 있었기 때문이 아니라 내가 미치지 않고 살아낼 수 있는 부적 같은 것으로서 교회가 필요했기 때문이다. 그런데 가랑비에 옷 젖는다고, 교회에 습관적으로 나가면서 어느 때부터인지는 모르지만 조금씩 신앙심이 생기기 시작하였다. 그러다 전남대학교 1학년 때 김경석이라는 존경할 만한 목사를 만나게 되었고 그분을 통해 세례를 받고 기독교 신자가 되었다.

  김 목사님은 건강한 보수적 신앙을 가진 분이었는데, 그분을 생각하면 떠오르는 것이 소식小食, 기도, 독서, 사색, 인간적 기품이다. 김 목사님은 대부분의 시간을 서재나 기도실에서 보냈고 가끔 자전거를 타고 황룡강 주위를 돌곤 하였다. 당시 우리 교회에는 30여 명의 청년이 출석하고 있었고, 김 목사님과 정치적 견해가 같든 다르든 간에 대부분 김 목사님을 존경하고 따랐다.

  김 목사님은 몸이 매우 허약하였다. 병원에 자주 입원하였지만,

일요일만큼은 아무리 몸이 아파도 교회에 와서 설교하였다. 그 목사님이 마지막으로 우리에게 들려준 설교 제목이 '나의 갈 길 다가도록'이었다. 김 목사님은 병원 입원 중에 일요일 저녁 예배시간에 설교하던 중 쓰러져 곧바로 병원으로 옮겨졌지만 회생하지 못하고 소천하였다. 설교하면서 혀가 굳어 발음이 잘 나오지 않는 상태에서도 끝까지 설교하던 모습이 지금도 눈에 선하다.

김 목사님은 나에게, 자신이 해야만 하는 바람직한 일을 할 때는 죽음도 개의치 않아야 한다는 것을 알게 해주었다. 김 목사님은 평소에 "목사가 죽을 곳은 강대상"이라는 말을 자주 하였는데, 그분은 자신의 바람대로 살다가 갔다. 죽음 앞에서도 의연하고 당당한 그분의 모습은 평생 잊지 못할 것이다. 다니던 전남대학교를 그만두고 보육원 총무가 되기로 결심한 것도 김 목사님의 영향을 받은 것이었다. 그분은 설교를 통해 기독교 박애주의 사상에 기초한 실천적 삶을 강조하였는데, 젊은 청년인 내게는 매력적으로 들렸고 마침 대학의 전공(상과대)이 적성에 맞지 않아 고민하던 터라 학교를 그만두고 보육원 총무로 가게 되었다.

2. 자유인, 허병섭 선생[40]

지금까지 내 인생에 가장 큰 영향을 미친 선생은 허병섭 목사다.

자유로운 사람, 허병섭 목사[41]

광야에 섰습니다
좁은 길에 섰습니다
맨 앞에 섰습니다
죽임 앞에 섰습니다

세상을 변혁하고자 하는 동지들이 있었습니다
지혜를 함께 물을 수 있는 도반이 있었습니다
세상에 던져진 반짝반짝한 눈들이 있었습니다
나고 죽음보다 더 소중한 희망이 있었습니다

마지막 가는 길 옷 한 벌 남기지 않았습니다
죽어 묻힐 무덤도 남기지 않았습니다

---

40) 김창수, 『지혜를 찾는 교육』, 2013, 현자의 마을, p110 이하에 수록한 것을 수정·보완한
것임.
41) 김창수, 시집 『꽃은 어디에서나 피고』

사람을 알아볼 정신 한 올 남기지 않았습니다

물론 살아서는 아무런 빚도 남기지 않았습니다

길이 되었습니다

생명이 되었습니다

희망이 되었습니다

사랑과 평화가 되었습니다

그는

죽음을 살아서

죽임을 죽인

자유인이었습니다

　허 샘(녹색대학교식 호칭)의 일생을 총체적 시각으로 살펴보면 민중신학에 기초한 빈민공동체·생명공동체·영성공동체에 대한 지향과 실천으로 꿰어진다. 그는 가난한 집에서 태어나 고학하고 평생 가난하게 살았으며, 가난한 이들의 친구요, 동지요, 도반이었다.

　허 샘은 민중해방 운동 분야에서 활동하다가 투옥을 당하는 등 수많은 고초를 겪으면서도 성북구 하월곡동에 동월교회라는 빈민교회를 설립하여 몇 년 동안 목회 활동을 하다가 목사직을 반납하고 평신도로 살면서 '일꾼 두레'라는 건설노동자 공동체를 꾸려 활동하였다. 그가 목사직을 반납한 것은 우리 사회에 성직자에 대한 특권을 인정하는 문화가 형성되어 있어 부지불식간에 허 샘 자신도 그러한 특권의 수혜자가 되어있음을 보았기 때문이다. 민주화운동을 하다가 감옥에 가더라도 일반인들과는 달리 성직자들은 고문과 같은 인권 침해를 덜 받는다거나 공공기관에 가더라도 성직자들에 대한 대우가 일반인들과 다름을 뼈저리게 느꼈기 때문이다. 아무런 방패막이 없이 맨몸으로 견뎌내며 살아야 하는 민중들과 함께 행동하고 살아가면서 불의한 권력과 세력에 맞서 그러한 모순을 극복해 가려는 의지 때문이었다.

1987년 이후 우리나라에도 점차 형식적 민주화가 이루어져 가는 것을 보면서 허 샘은 또 다른 꿈, 즉 생명 살림의 꿈을 꾸게 된다. 자신이 믿는 하느님의 형상을 따라 지어진 인간들이 국가나 자본에 의한 폭력으로 고통받고 있는 것을 전면 거부하였던 허 샘의 눈에 또 다른 민중, 생태계의 모습이 보인 것이다. 그는 몇 년 동안 환경 문제에 대해 공부하거나 현장을 목도하면서 생명해방 운동의 기지로 무주군 안성면 진도리를 택하여 귀농하게 된다. 그리고 거기서 생태교육의 필요성을 절감하고 무주 푸른꿈고등학교 설립공동추진위원장과 함양 녹색대학교 설립운영위원장을 맡아 활동하게 된다.

허 샘은 우리나라에서는 거의 찾아보기 힘든 '까르마 요기[42]'였다. 구체적인 일이나 사건 속에서 타인과 만나거나 온갖 존재들과 만나면서 자기 자신을 성찰하고 주시하며 자기완성을 이루어 가는 수도

---

42) 실천적 삶을 통한 영적 해방을 이뤄가는 수행자.

자였다. 허 샘은 예수의 명령을 따라 그야말로 '공생애'를 살았다. 누가 무엇이 필요하다고 하면 자신이 가진 것을 그 자리에서 내어주고도 아무런 흔적을 남기지 않는, '나'가 없는 사람이었다. 추운 몸으로 부서지고 불에 타면서, 버려지고 피 흘리면서도 금가고 일그러진 것들을 사랑하고 상한 살을 헤집고 입 맞추며[43] 살았다.

허 샘과 나의 인연은 푸른꿈고등학교에서 시작해서 함양 녹색대학교까지 10년이 넘게 이어진다. 내가 허 샘을 처음 만난 것은 1997년 9월 전북 무주군 안성면 진도리 허 샘 댁에서였다. 당시 허 샘 부부는 1995년 진도리에 귀농하여 두 분이 알콩달콩 행복하게 농사를 짓고 있었다. 그때 나는 푸른꿈고등학교 설립추진위원장으로 학교 터를 구하러 사방팔방 다니던 중이었는데, 허 샘의 소개로 허 샘 집 근방에 소재한 폐교를 구입할 수 있었다. 1년 넘게 찾아다녔지만 구하지 못했던 학교 터를 그렇게 쉽게 구할 수 있었던 것은 허 샘의 선한 영향력 아니고서는 도저히 설명하기 어려운 사건이었다. 그런 연유로 자연스럽게 허 샘을 학교설립공동추진위원장으로 영입하게 되었다. 문동환 목사를 지도교수로 하여 한신대학교에서 기독교교육을 전공하였던 허 샘에게도 자신의 꿈인 생명해방 교육의 현장을 만나게 된 계기이기도 하였다.

학교를 만드는 과정에서 허 샘과 모든 면에서 의견을 같이한 것은 아니다. 허 샘은 학교에서 일하고 싶다는 사람들이면 이전부터 알

---

43) 김남조의 시, '생명' 부분 인용.

고 있던 사람이건 처음 만난 사람이건, 전문성이나 능력이나 인격과 상관없이 무작위로 추천하여 나를 곤란하게 하곤 하였다. 허 샘을 찾아와서 일하게 해달라고, 어떠어떠한 일을 하고 싶다고 말하면 허 샘은 그가 말한 그대로 추천하였다. 난감한 일이 아닐 수 없었다. 그리고 당시에는 이해하기 힘든 일이기도 하였다. 일을 하려면 합리적인 인력 배치와 관리가 중요한데, 일이 필요한 사람에게 일자리를 만들어주라는 허 샘의 생각을 수용하기가 참 어려웠다.

허 샘과의 의견 차이에도 불구하고 내가 허 샘을 존경할 수밖에 없었던 것은 허 샘의 소유에 대한 자유함과 무아에 가까운 삶 때문이다. 무엇도, 어떤 자리도 가지려고 하지 않는 허 샘의 빈 마음이 너무 커서, 나를 불편하게 하는 작은 것들은 크게 문제가 되지 않았다. 허 샘이 무주군 진도리 광대정에 집을 짓고 집들이를 하던 날, 평생 처음으로 집을 당신 앞으로 소유하던 날, 허 샘이 하셨던 말씀이 생각난다. 허 샘은 그 작은 집을 소유하고 살게 된 것조차 과분한 욕심이라 말하면서 누구든 그 집을 필요로 하는 사람이 있으면 내놓겠다는 말을 하면서 민망해하였다. 그래서 내셔널트러스트 운동에 선뜻 그 집과 광대정에 소재한 땅을 기부하였으리라!

녹색대학교 설립과 운영으로 이어진 허 샘과의 인연의 마지막 자락에서야 나는 허 샘과 나와의 차이를 이해할 수 있었다. 허 샘은 성직자였고, 방장이었다. 그는 일보다는 사람을 소중하게 생각하는 사람이었다. 그는 경영자나 주지가 아니었다. 경영자가 갖추어야 할 합리적 상황판단 능력과 대책 마련 능력보다 사람을 먼저 살피는 선생이었다.

나도 가끔 허 샘 흉내를 내보려 하지만, 그것이 그리 쉽지 않음을 느낀다. 합리적 일 처리가 우선 눈에 먼저 들어오는데, 그다음에야 사람이 보이는데, 허 샘을 흉내 내기가 만만치 않음을 절실하게 느낀다. 그러나 그런 나를 보며 내 아내는 나도 대중 앞에서 일을 이끌어가는 사람으로서는 허점이 너무나 많다고 말한다. 사람을 쉽게 믿다가 발등을 찍힌 일이 한두 번이 아니지 않으냐고 핀잔을 준다. 그럴 때마다 나는 내가 다른 사람들의 발등을 얼마나 찍었을까, 그래서 그들에게 얼마나 깊은 고통과 좌절을 주었을까를 생각해본다.

허 샘은 대중적 지도자로서는 실패하신 분이다. 대중들에게 있어 미래를 먼저 보는 사람은 이해할 수 없는 영양가 없는 사람이고, 현재를 깊게 보는 사람은 대중들에게 자기 자신의 모습을 적나라하게 보게 하는 고통을 강제하는 사람이다. 영양가 없고 자신을 성찰케 하는 허 샘의 삶은 무지한 사람들에게는 바보같이 보였고 탐욕에 사로잡힌 이들에게는 큰 질책이었다. 1998년 8월 초 푸른꿈고등학교 교정 플라타너스 아래에서 허 샘과 이야기를 나눈 적이 있었다. 나는 허 샘께 "목사님 삶은 실패의 연속이 곧 성공처럼 보입니다"라는 말씀을 드렸다. 세계의 흐름을 멀리 볼 줄 아는 사람은 현실에서 실패할 수밖에 없기 때문이다.

실패해서 성공한 사람 허병섭! 사람들은 성공해서 하수구처럼 구린 냄새를 풍기다 가는 사람들을 향해서는 침을 뱉는다. 그러나 실패하여 성공적인 삶을 살아낸 이들을 인류는 성현으로 추앙하고 닮으려 한다. 허 샘은 내게 그 어눌한 말솜씨로, 말 사이의 행간으로 큰 가르침을 주었다. 실패해서 성공하라고, 예수가 그랬다고!

나는 허 샘이 병상에서 내게 들려주고 싶은 소리 없는 소리, 그래서 고막을 찢을 것 같은 큰 소리를 놓치지 않으려 한다.

"교육자는 경영자가 아니다. 선생은 늘 자신을 성찰하며 아이들에게도 깨침을 독려하는 길잡이여야 한다. 교장도 행정가 이전에 선생이다."

이래서 허 샘은 지금까지 내 인생에 가장 큰 영향을 미친 스승이 되었다.

3. 한재초등학교 느티나무, 선생으로부터의 해방

기어이 큰 어른을 만났다. 그리도 우연히, 전혀 뜻하지 않은 상황에서 마침내 큰 스승을 보고야 말았다. 번개처럼 순간적으로, 갑작스럽게, 옷깃 하나 여미지 못하고 아무런 준비도 못 한 상태에서 선생이 내게 찾아왔다.

태어나서 그렇게 크고 장엄한 나무를 직접 보기는 처음이었다. 입이 다물어지질 않았고 온몸이 전기충격을 받은 듯 떨리는 것을 멈출 수가 없었다. 세상에 이리도 큰 나무가 있다니! 칸트가 말한 "대상에 대한 미학적 판단은 아름다움과 추함 그리고 숭고함이 있다"라던 말이 생각났다. 나무를 보면서 나무를 넘어서는 숭고함이 체험되었다. 그리고 나무 앞에 서 있는 그 짧은 시간 동안 내 의식 속에 혼란스럽게 펼쳐진 많은 사념의 조각들이 제자리를 잡아갔다.

"너희가 그 날과 그 시를 알지 못하느니라(마가복음 14:15)."

그렇게 선생을 만났고 그 자리에서 나는 선생을 밖에서 구하는 것으로부터 해방되었다. 한재초등학교에 큰 당산나무가 있다고 하길래, 한재가 태 자리인 친구가 같이 가서 한번 보자 하길래, 둘째 아이가 전학해 와서 다니는 학교길래, 구경삼아 들렀다가 어릴 적 나다니엘 호손의 『큰 바위 얼굴』을 읽은 후부터 찾았던 그 선생을 만난 것이다. 내 나이 마흔셋, 봄기운이 추위를 밀어내가는 3월 하순이었다.

서울 생활을 접고 전남 담양군 대전면 불대산 산자락 끝 마을인 쇠골로 이사한 것이 1998년 10월이었다. 푸른꿈고등학교를 만들다 몸이 아파 잠시 요양할 생각으로 빈집을 수리하여 무주에서 담양으로 이사하였는데, 1999년 3월 무주에서 선배 부부가 놀러 와서 봄나들이를 하게 되었다. 안내는 친구가 맡았고, 나랑 넷이서 담양을 빙 돌기로 하였다. 그런데 나들이 첫 길목에서 한재초등학교 운동장 한쪽에 서 있는 느티나무 한 그루를 보게 되었고 나는 그 나무에서 큰 스승을 보았다.

우리는 누구나 자신이 어려울 때 기대고 싶은 언덕이 하나쯤 있었으면, 하고 바라며 산다. 부모님의 등, 친구의 손, 사랑하는 사람들 사이의 가슴, 이웃의 따뜻한 눈 등의 언덕을 그리워하며 산다. 거기에 더하여 자신의 의식이 혼란스럽고 삶이 가지런히 정리되지 않았을 때 오는 혼란의 와중에서 한 마디 정곡을 찌르는 말을 해줄 선생이 있었으면, 하고 바라며 산다. 외롭고 쓸쓸할 때 등을 토닥거려줄 선생, 지치고 힘겨울 때 어깨를 잡아줄 선생, 무엇을 보고 살아야 할지 헷갈릴 때 지표가 되어주는 선생, 그런 선생이 자신의 인생에 있으면 얼마나 좋겠는가?

나도 예외가 아니었다. 불모지에서 대안학교를 만드는 일을 처음 시작한 사람 중 한 사람으로서 무엇을 근거로 그 일을 하여야 할지 암담할 때가 참 많았다. 그리고 그 짐이 너무 무거워 벗어던지고 싶을 때가 많았다. 그때 지침이 되어 줄 선생이 있었으면, 짐을 나눠서 질 선생이 있었으면, 하고 바란 것이 한두 번이 아니었다. 그래서 그 당시의 내 화두는 '선생'이었다. 그런데 한재초등학교에 당당하게 서 있는 느티나무를 보고 나는 큰 선생을 보았고, 선생의 상에 대한 내 갇힌 틀을 넘어설 수 있었다.

당시까지 나는 큰 사람, 사회적으로 이미 검증된 이름을 가진 사람, 사상적으로 지침이 되는 사람 속에서만 선생을 찾고 있었다. 그러나 한재초등학교의 느티나무를 보고서, 그 짧은 순간에 느티나무가 내게 큰 선생으로 다가왔다. '나는 왜 작은 것들 속에서는 선생을 찾지 않았을까?' '나는 왜 사람들에게서만 선생을 찾았을까?' '나는 왜 보이는 것들 속에서만 선생을 찾았을까?' '나는 왜 나 자신 밖에서만 선생을 찾았을까?' '그러면 바람은 선생이 아니던가?' '저기 널려 있는 돌멩이는 또 어떻고?' '아! 모든 것이 선생이라는 말이 이런 것이로구나!' 하는 깨달음이 왔다. 또한, 나를 편하게 해 주는 것만이 아니라 나를 고통스럽게 하는 것들도 선생일 수 있는 것을! 선생이 따로 있는 것이 아니라 그 선생을 알아보는 것이 맞는 것이거늘! 세상에는 선생이 많았다. 아니, 모든 것이 선생일 수 있었다. 다만 그것을 알아보는 눈이 내게 없었을 뿐이다. 한재초등학교 느티나무는 내게 '선생'을 알게 해준 선생이다.

당시 내 둘째 아들이 그 학교 4학년이었는데, 우리 아이가 그 나무 아래서 친구들과 봄, 여름, 가을, 겨울의 사계절을 몇 번 보낼 것을 생각하면서 그 나무 하나만 보고 살아도 충분하겠구나, 하는 생각을 하였다. 개구쟁이들이 그 나무 아래서 별별 놀이를 다 하면서 자랄 수 있다는 것이 퍽 다행으로 여겨졌다.

이후 나는 선생을 만나고 싶은 욕구가 사라졌고, 선생으로서 나는 어떻게 살 것인가에 대한 실천적 관심이 더욱 증대되었고 '선생이란 무엇인가?'에 대한 이해체계를 갖추는 데 관심을 기울이게 되었다. 그리고 나를 찾아온 사람들에게 꼭 그 느티나무를 보여주었다. 그들이 느티나무에서 선생을 보건 못 보건 그것은 그들의 몫이라서 상관할 것은 없었지만, 내 경험과 곁들여 사람들에게 느티나무를 만나게 해주었다.

4. 최고의 선생, 내게 다가온 죽음[44]

'죽음'은 내 인생 초입(일곱 살)부터 지금까지 나의 가장 큰 화두이자 선생이다. 내가 세상에 태어나서 맨 처음으로 진지하게 나 자신과 세상에 던진 질문은 '죽음이란 무엇이고 그것으로부터 벗어날 방법이 있는가?'였다. 그리고 나이를 먹어가면서 죽음의 의미에 대해서, 죽음을 어떻게 수용할 것인가에 대해서 절실하게 묻고 그 대답을 찾아왔다.

그리고 '죽음이란 무엇인가?'라는 질문은 언제나 '삶이란 무엇인가?'라는 질문으로 이어졌다. 죽음 그 자체에 대한 질문으로는 죽음에 대한 실존적·궁극적 이해에 한계가 있었기 때문이다. 그것은 마치 죽음 이후에 대한 제자의 질문에 공자가 답한 "삶을 모르는데 죽음을 말하랴"라는 말과 같은 맥락일 것이다. 공자의 말은, 삶을 알아가면 죽음은 저절로 알게 되는 것이라는 말이 아니었을까 한다.

---

44) 고대 인도철학이나 불교 그리고 기독교나 노장사상에서 말하는 죽음 이해는 가급적 배제하였고, 과학 문명 시대에 살고 있는 현대인들이 어떻게 하면 죽음을 좀 더 편하게 수용할 수 있을지의 문제로 국한하여 서술하려고 하였다.

죽음에 대한 물음은 죽음은 물론이고 죽임도 보게 하였고, 인간의 죽임 당함만이 아니라 생명체의 죽임 당함도 보게 하였다. 그리고 그러한 사유는 늘 살림에 대한 사유와 의지와 실천으로 이어졌다.

삶을 알고 싶거든 죽음에게 물어라

인간은 의식이 미래를 향하여 열려있기 때문에 자기 삶의 좌표를 주로 미래에 놓고 살아간다. 희망이나 꿈, 즉 하고 싶은 것, 이루고 싶은 것, 가지고 싶은 것, 새로운 관계 맺음 등에 대한 기대를 미래로부터 찾는다.

그런데 인간의 의식이 미래의 끝자락에서 필연적으로 만나게 되는 것은 자기 자신의 죽음이다. 그 지점에서 인간은 죽음에 대한 공포로 거의 자지러질 듯이 놀라게 된다. 그래서 인간이 채택한 전략은 가급적 자기 죽음을 잊거나 회피하거나 무시하고 사는 것이다(하이데거). 그러나 사람은 타인의 죽음이나 가까운 친인척의 죽음을 목격할 때, 혹은 각종 매체 등을 통해서 죽음이 다른 존재에게만 일어나는 현상이 아님을 느끼게 된다. 또한 일상에서도 자기의 무의식 안에 죽음에 대한 공포가 도사리고 있음을 언뜻언뜻 알아차리게 된다. 그래서 죽음은 인간에게 근원적 불안이 된다.

현대인의 죽음에 대한 두려움은 죽는다는 사실에서 기인한다기보다는 죽음에 대한 전통적인 해석체계의 붕괴에서 기인한다. '자신의 죽음을 어떻게 이해하고 받아들일 것인가'의 문제에 대한 기존의 문화적·종교적·철학적·영성적 해석이 설득력을 잃어감에 따라 과학시대의 인간은 죽음 앞에서 당혹스러울 수밖에 없다.

과학시대 이전 사람들은 죽음 이후 생명의 지속에 대한 전통적인 해석체계를 가지고 있었기 때문에 비교적 죽음을 평안하게 수용할 수 있었다. 그들은 죽음이 개인에게 발생하지만 그것을 이해하고 수용하는 데 있어서는 집단적 해석체계를 가지고 있었다. 그들은 죽음을 주로 순환이나 회귀, 환생이나 합일 등으로 보았기 때문에 죽음을 단절이나 멸절로 보아 죽음 앞에서 절망하는 현대인들보다 훨씬 죽음을 쉽게 승인하고 수용할 수 있었다.

인류는 각 시대에 따라, 문화권에 따라 죽음에 대한 이해와 수용을 각기 달리해 왔는데, 오늘날 죽음을 대하는 인간의 태도는 크게 세 가지로 나뉜다고 볼 수 있다.

먼저 죽음을 회피하거나 부정하며 망각으로 대하는 태도를 들 수 있다. 그것은 주로 유물론적 시각에 입각한 것으로서, 쾌락을 추구하거나 이기적인 삶을 사는 사람들이 보이는 반응이다. 이러한 태도는 죽음을 생명의 멸절로 보기 때문에 오늘만의 쾌락을 중시하는 경향이 있다.

종교적 입장에서 죽음을 대하는 태도도 있는데, 이 입장을 수용할 수만 있다면 쉽고 편안하게 죽음을 수용할 수 있을 것이다. 이 입장은 윤회 사상에 입각하여 인과론(보상론)을 펼치는 죽음 이해와 믿음에 토대를 둔 은총론 신앙의 죽음 이해로 구별된다. 인과론의 죽음 이해는 현실에서 개인이 자신의 삶을 충실하게 살면 다른 생에서 더 나은 삶을 누리게 된다는 것으로, 개인들이 현실을 바르게 살게 하도록 추동할 가능성이 있다. 반면에 인과론은 현생의 삶에서 자신이 감당해야 하는 자신의 역할을 다음 생애로 미룸으로써 현재 자신의 행위를 합리화할 가능성이 있다. 은총론의 경우에는 단 한 번의 생에서 자신의 공로보다는 절대 타자에 의한 구원을 믿기 때문에 절대 타자에게 충실한 삶을 살려고 노력할 개연성이 크다. 이때 절대 타자에게 충성하는 것은 이웃 사랑으로 드러난다. 그러나 은총론도 현실 도피적, 타개주의적 행태를 유발해 현실을 부정적인 것으로, 의미 없는 것으로, 허무한 것으로 이끌 개연성이 있다.

마지막으로는 자기 죽음을 명확히 인식하고 죽음과 직접 대면하는 것이 그것인데, 종교적 지혜나 철학적 지혜, 인류애나 우주애 등 고도의 정신적 가치를 추구하고 실천하며 사는 것이 죽음의 존엄을 지키는 일이며 평안한 죽음을 수용할 수 있다는 입장이다. 이 입장 중 하나로는, 인간은 죽음 이후의 삶은 어차피 모르는 것이고 우리가 할 일은 오늘을 제대로 사는 데서 죽음을 넘어설 수 있다는 것이다. "삶을 모르는데 죽음을 말하랴"라는 공자 말이 여기에 해당한다. 나아가 생과 사의 이분법적 상대주의를 넘어서서 생과 사가 하나의 세계로 통합된 것이라는, 그래서 생과 사는 둘이 아니라고 보는 견해도 있다.

삶은 죽음을 해산解産하는 과정이다. 생명은 탄생과 더불어 죽음을 동시에 갖는 현상이며 살아있는 모든 것에서 죽음은 결코 배제될 수 없다. 생명은 처음부터 죽음과 더불어 살아가고 있고 우리 생애 속에서 죽음과 상관이 없는 순간은 있을 수가 없다. 죽음이 언제 어디서건 태어날 수 있기 때문이다. 이런 상황에서 죽음은 회피할 것이 아니라 적극적으로 만나야 할 과제가 된다.

우리가 죽음을 묻고 만나야 하는 가장 큰 이유는, 죽음이 삶의 가장 큰 스승이기 때문이다. 삶의 마지막 자리인 죽음에다 자신을 놓고 바라보면 본인의 삶이 총체적으로 확연히 보이게 된다. 거기 마지막 지점에서 인간은 아무렇게나 닥치는 대로 살 것인지 아니면 실존적 삶을 살 것인지를 선택해야 한다고 하이데거는 말한다. 하이데거는 죽음의 자리에 자신을 놓고 거꾸로 자기 삶을 거슬러서 바라보고 살아야 함을 역설하고 있다. 죽음이라는 절대적 가난 앞에서, 우리는 본연지성(本然之性)에 반하는 욕망이나 탐욕, 망상, 화 등의 온갖 불필요한 집착들을 걷어내어 오늘의 삶 자체만으로도 자족할 수 있게 된다. 삶의 해답은 죽음 물음과 사유 속에 다 들어 있다는 이야기다.

내게 다가온 몇 번의 죽음[45]

어렸을 때 시골에서 살았던 사람들은 사고나 병으로 죽을 고비를 몇 번씩 경험하였을 것이다. 나도 물에 빠지고, 벌에 쏘이고, 홍역을 앓으면서 여러 번의 위기를 넘기며 자랐다. 그러나 그런 위기는 벗어나면 주로 확연한 기억으로만 남지, 나머지 삶에 큰 영향을 미치지는 않는다. 많은 생각이나 깊은 생각을 할 겨를 없이 죽을 고비를 넘기는 것은 죽음에 대한 깊은 체험이나 사유가 이루어지기 쉽지 않기 때문이다. 사고나 질병의 후유증이 심각하게 남아 계속해서 영향을 미치는 경우에도 죽음 그 자체에 대한 것보다는 현실적 고통에 대한 생각이 더 많은 법이다.

- 급성 간염

1989년 3월 급성 간염으로 서울 강남병원에 입원하였다. 급성 간염은 치료하면 금방 나을 수 있지만 심각하면 사망에 이르는 병이다. 실제로 내 선배는 전남대 의대 레지던트 과정 중에 급성 간염이 와 한 달 만에 죽었다. 선배 의사들과 동료 의사들이 백방으로 치료하였지만 결국 죽고 말았다. 그리고 그 선배를 간호하였던 다른 선

---

45) 여기서 말하는, 몇 번에 걸친 내 죽음 경험은 급성 간염으로 병원에 입원하여 심각한 상황을 겪고 그 병이 진전되고 더 큰 합병증까지 유발하면서 겪은 일들을 말한다. 33살(1989년)에 급성 간염을 시작으로, 42살(1998년)에 간경화와 합병증, 53살(2009년)에 폐출혈과 폐동맥경색증, 55살(2011년 12월)에 간경화 말기에 나타나는 식도 출혈, 56살(2012년 9월)에 간 이식 수술, 57살(2013년 1월)에 심장판막 수술과 뇌수술, 같은 해 4월부터 간 이식과 심장 수술 및 뇌출혈 합병증으로 100일 투병한 것에 이르기까지 내 몸 병은 내 삶에 지대한 영향을 미쳤다.

배가 몸을 잘 가누지 못하는 나를 보고 급성 간염인 것 같다며 병원에 가라고 해서 비A 비B 간염[46] 진단을 받고 곧바로 입원 치료를 받게 되었다.

가볍게 간염 치료를 하고 보름 만에 퇴원하였는데, 그것이 평생 문제가 될 줄은 몰랐다. 일반적으로 C형 간염은 간경화, 간암으로 순차적으로 진행해 가는 것이 추세인데, 당시에는 C형 간염 치료제가 나오지 않은 상태였다.[47] C형 간염 환자들이 할 수 있는 것은 더 이상 병이 진행되지 않도록 하거나 그 속도를 늦추는 것밖에 없었다. 그런데 나는 간염을 가볍게 여기고 조심성 없이 활동하다 만성 간염으로 진전되어 버렸고, 다시 병원에 두 달간 입원하여 치료를 받게 되었다. 간과 관련된 지수들이 아주 높았고, 걷기도 힘들었고, 몸을 가누기도 힘들었지만, 혼수상태에 빠지거나 복수가 차지는 않아서 그나마 다행이었다.

퀴블러 로스는 말기 암 환자들을 돌보면서 자신이 겪은 임상체험을 『인간의 죽음』이라는 책으로 출판하였다. 거기서 그는 말기 암 환자들이 죽음을 수용해 가는 과정을 다섯 단계로 나누어 기록하고 있다. 부정의 단계, 분노의 단계, 타협의 단계, 침체와 우울의 단계, 수용의 단계가 그것이다. 사람마다 차이는 있겠지만 내 경우에도

---

46) C형 바이러스가 아직 발견되지 않았던 1989년 당시, A·B형 간염을 제외한 모든 간염을 통칭하는 의학용어였다.

47) 또 C형 바이러스가 발견된 이후에도 전 세계 간염 보균자가 A·B형 간염 보균자에 비해 상대적으로 적어서 제약 회사들이 상품성이 없다는 이유로 연구비를 투자하지 않아 예방주사 개발을 소홀히 하였다. 현재는 치료제는 나와 있지만, 예방은 아직도 불가능하다.

그의 분석과 맞아 떨어진다.

생명을 가진 존재는 무엇이든 늙고 병들고 죽어야 한다. 그리고 그 모든 과정이 각 개체의 삶이다. 그런데 처음 아파본 사람들은 아플 때의 시간은 그의 삶에서 제외된 시간이라고 생각한다. 그래서 가급적 빨리 나아서 자신의 삶을 살아야겠다고 몸부림을 친다. 그러나 긴 투병 생활을 하는 사람들은 안다. 아픈 상태나 아프지 않은 상태 모두가 그의 인생이라는 것을.

죽음이든 아픈 상태든 그것을 수용하고 나면 새로운 길이 열린다. 자신의 상태를 부정하고 있으면 그 어떤 길도 열리지 않는다. 갑작스럽게 시한부 인생을 선고받은 환자들이 그렇게 빨리 죽음으로 내몰리는 것은 자신의 상태를 수용하지 못하기 때문이다. 어느 날 갑자기 자신에게 닥친 위기가 도무지 믿기지 않고, 화가 나고, 어쩔 줄 몰라 우왕좌왕하다가 본격적으로 손 쓸 겨를도 없이 죽음을 맞이하게 된다. 자신을 추스르고 본격적으로 투병 생활을 빨리 시작하면 할수록 그에게는 살 수 있는 기회가 생긴다.

내 경우, 처음 발병하여 내 마음을 진정시키고 현실을 받아들이고, 아픈 것도 내 삶이라는 생각을 하기까지 꼬박 1년이 걸렸다. 어떤 이는 자신의 상태를 아는 순간부터 그것을 수용하기도 하고 어떤 사람은 3개월이나 6개월 정도면 수용하기도 하는데 나는 1년이나 걸려서야 겨우 수동적으로 내 상태를 받아들이다니 참 미련하고도 한심한 일이지만, 그것이 나인데 어쩔 것인가.

첫 번째 죽을 고비를 넘기면서 내가 얻은 교훈은 매 순간이 내 삶이라는 것이다. 그것이 아무리 초라해도, 설사 노예 상태에 처해 있다 하더라도, 그 모든 것을 빼버리면 내 삶은 없다는 것이다. 『죽음의 수용소에서』라는 책을 쓴 빅터 프랭클이 아우슈비츠 수용소에 갇혀서 언제 죽을지도 모를 그 순간에도 저녁노을을 보면서 살아있음을 기뻐하였듯이, 그 어떤 상태라도 그것이 자신의 삶임을 잊지 말라는 것이다. 그리고 죽음을 적대시하지 않고, 죽음이나 아픔을 기꺼운 동거는 아닐지라도 불편한 동거자 정도로는 수용할 줄 알게 되었다.

- 간경화와 합병증

내가 두 번째로 쓰러진 것은 무주 푸른꿈고등학교를 개교하기 6개월 전이었다. 두 번째로 쓰러진 것은 간염이 진행되었기 때문이기도 하였지만, 더 큰 이유는 '꿈을 이룬 자의 절망' 때문이었다. 러시아 혁명에 성공한 후 그 혁명에 참여했던 시인들이 자살한다. 혁명이 그들이 꾸었던 꿈과는 동떨어진 전체주의적 성격으로 귀결되는 것을 보는 것이 고통스러워 자살한다.

'꿈을 이룬 자의 좌절'이라는 말을 이해하기는 쉽지 않다. 외형상 푸른꿈고등학교는 만들어졌는데 정작 거기에 채워야 할 소중한 것들이 망가져 가는 것을 보면서 급기야 몸이 아팠다. 그러나 내 몸이 아프고 심하면 어려운 지경으로 내몰릴 수 있다는 사실은 내게 별로 중요하지 않았다. 15년간 꿔왔던 꿈이 이루어지면서 동시에 내 꿈과는 상관없는 지형으로 학교가 만들어져가는 것을 보는 것이 무척 고통스러웠다. 사실상 죽고 사는 문제는 내 관심 밖의 일이었다. 인간에게는 죽고 사는 문제보다 더 중요한 일들도 있고, 죽고 사는 문제보다도 더 고통스러운 일들도 얼마든지 있다.

요양차 무주를 떠나오면서 나는 내 인생에서 가장 중요한 것, 15년에 걸쳐 꾸었던 꿈의 결과를 버렸다고 생각하였다. 그러나 나중에, 그것은 내 인생에서 처음으로 무엇인가로부터 자유로워지는 연습을 시작한 것에 불과하다는 것을 알았다. 내 뜻대로 되지 않는 현실로 인해 몸이 아팠고, 그것을 차마 계속 보고 있을 수 없어 무주를 떠나면서 거창하게 대단한 것을 버릴 줄 아는 인간으로 스스로 착각한 것이다. '공성이불거功成而不居'니 뭐니 하면서 내 어리석음을 부끄러워할 줄 몰랐던 것이다.

- 폐출혈과 폐동맥경색증

2009년 7월 지혜학교 설립에 매진하던 중 세 번째로 쓰러졌다. 폐출혈과 폐동맥경색증[48]으로 전남대학교병원 중환자실에서 치료를 받았다. 경과가 많이 좋아져 일반병실로 옮기게 되었는데, 일반병실에서 사달이 나기 시작했다.

---

48) 내 치료를 가지고 의사들은 곤혹스러워하였다. 출혈을 멈추는 약을 투여하자니 폐동맥경색증이 더욱 심해질 것이고, 폐동맥경색증을 치료하자니 폐출혈이 멈추지 않을 수 있기 때문이었다.

간염, 간경화, 심장판막증, 부정맥, 콩팥부종, 기관지 협착증, 폐출혈, 폐동맥경색증, 늑막염, 기타 등등의 질병이 있는 나는 의사들에게 흥미로운 환자였기에 실험의 대상이 되었다. 구조물이 와르르 무너지듯 급격하게 몸이 허물어졌고, 나는 결단을 하였다. 퇴원해서 집에서 죽어야겠다고. 의사들에게 내 죽음을 맡기지 않고 단식하다 죽겠다고. 퇴원 후 중의사의 치료로 몸 상태가 많이 좋아져서 학교 설립을 계속해서 추진할 수 있었다.

세 번째 아팠을 때 든 생각은, 무책임한 일이지만 이제 그만 생명줄을 놓고 싶다는 거였다. 아픈 것이 귀찮고 번거로워 이제 그만 그 끝을 보고 싶었다. 내가 아는 여인은 세 번 암에 걸렸는데, 마지막 세 번째로 암 선고를 받았을 때 한 말이, "에이, 짜증 나"였다고 한다. 그 심정이 충분히 이해가 갔다.

내과 중환자실[49]

병상이 통째로 빠져나가는 것은
두 길 중 한 길을 가기 위함이다

간호사들 발걸음이 분주해지고
주치의 숨죽이며 나타나면은

---

49) 김창수, 시집 『꽃은 어디에서나 피고』; 2009년 7월 전남대학교병원 중환자실에서 떠오른 시상을 일반병실로 옮긴 후에 쓴 것이다.

산소마스크 호흡 줄은 거두어지고
화장터 연기는 피어오른다

시도 때도 없이
하루에도 몇 번
중환자실 병상은 치워지고 채워지고
마침내 회복실과 영안실이
경계를 잃을 때

다만 20년에 걸쳐 반복되는 이 지루한 놀이를
주여, 하루라도 빨리 마치게 하소서!

- 간 이식 수술, 심장판막 수술, 뇌수술

심장 수술 후 아직 의료진들이 마무리를 짓지도 않은 상태에서 의식이 돌아왔다. 수술이 완벽하게 잘 끝났다는, 의료진들끼리 경쾌하게 주고받는 대화 소리가 들렸다. 안심되었다.

그런데 문제가 기다리고 있었다. 수술실에서 중환자실로 옮겨졌는데, 간호사의 부주의로 베개가 뒤로 밀려 고개가 꺾이는 바람에 목으로 들어와 있는 산소 호흡기 줄이 구부러져 숨쉬기가 곤란해진 것이다. 순간 당혹스러웠다. 힘껏 숨을 들이마셔 보지만 호흡은 더욱 가빠졌다. 두 손은 묶여 있고, 몸에는 여러 가지 호스가 주렁주렁

달려 있고, 목에는 산소 호흡기와 영양 공급 관이 꽂혀 있고… . 어떻게 해 볼 수가 없었다. 내가 할 수 있는 것이 아무것도 없고 나서야 내가 따로 없다는 것을 깨닫게 되었다. 욕망도, 분노도, 지식과 일에 대한 열정도, 어떤 미련도, 놓는 것이 아니라, 그냥 없었다. 전적 무능. 아무것도 할 수 없고서야 삶과 죽음의 경계가 사라지고 온전히 하나가 되었다. 이런 가운데 국선도를 하면서 호흡을 조절했던 기억과 명상하면서 호흡을 관찰하던 기억이 자연스럽게 몸으로 나타나 호흡이 편해졌다.

차분하게 천천히 호흡을 조절한다. 그러자 가느다란 호흡에 오히려 호흡이 편해진다. 또 다른 내가 밖으로 튀어나와 차분하게 고른 호흡을 하며 안정을 찾아가며 병상에 누워있는 내 모습을 본다. 숨 들이마시고 숨 내쉬고, 아무런 문제도 없음을 주시자로서의 내가 병상에 누워있는 나를 본다. 호흡이 안정된다. 편안하다. 잠이 온다. 이대로 죽어도, 살아남아도, 그 모든 것이 그냥 좋다는 생각이 드는 와중에 깊은 잠 속으로 들어간다. 간호사의 놀란 목소리에 잠에서 깬다.

심리적 절정체험은 누구나 할 수 있다. 다만 그 체험을 어떻게 해석하느냐 하는 것은 그 사람의 현재 의식 상태가 좌우한다. 절정체험을 한 그가 평소 마술적 의식 상태에 머물러 있다면 절정체험을 마술적으로 해석하여 현실에 적용하려 할 것이다. 신화적 상태라면 신화적으로, 이성적 상태라면 이성적으로, 초이성적 상태라면 초이성적으로 해석하고 적용할 것이다. 그런데 절정체험은 상태가 아니라 순간적인 체험일 뿐이다. 그것이 상태가 되려면 수행을 통해 지속성을 갖게 해야 한다. 내 절정체험은 심장외과 중환자실에서, 그것도 잠시였다. 상시적 주시자의 경지는 명상 몇 번으로는 이를 수 없는 경지이기 때문이다.

나는 내가 불완전한 존재이니까 인간이고, 방황하는 존재이니까 인간이라고 믿고 살고 있다. 현 존재로서 나는 수많은 결점을 가지고 있으며 다만 그것들을 잘 성찰하며 살려고 노력할 뿐이다. 인간이 자신의 삶의 완성을 지향하는 것은 바람직하고 권장할 만한 일이다. 여기서 내가 말하는 완성이란 결정적인, 단 한 번의, 영원한 완성을 의미하기보다는 상대적 완성, 잠정적 완성, 과정적 완성을 말한다. 지금보다 더 바람직한 상태를 향해 가는 과정적 존재로서의 인간, 도상의 존재로서의 인간, 니체식으로 말하면 상승인(위버멘쉬), 나는 그 인간을 믿고 그 인간에게 희망을 걸고 있다.

죽음은 가장 완벽한, 가난한 삶이다. 아무것도 소유할 수 없고, '나'라는 의식마저도 성립하지 않고 무의미하며, 그 어떤 관계도 해체되고, 모든 것이 변화하는 상태가 죽음이다. 이런 것들을 가르쳐 준 죽음은 내 인생에서 가장 위대하고 완벽한 선생이었다.

3부

교육현장에서 만난
제자들과 선생의 시선

●

삼동중, 그때로 돌아가고파

김영남(삼동중학교 졸업, 현 자영업)

수업 끝나고 친구랑 둘이서 교무실 청소를 하다가 커피 통 옆에 놓인 뽀얀 프림 가루를 보는 순간 호기심에 너 한 입 나 한 입, 침을 꼴딱거리면서 몰래몰래 훔쳐 먹었다. 처음 먹어보는 프림은 내게 신세계를 보여주는 듯이 짜릿하고 달콤한 맛이었다. 샘들은 우리가 그런 것을 알면서도 모른 척해주신 것을 나중에 알고 나서 가슴이 뭉클하였다.

연합고사 볼 때쯤 밤늦게까지 학교에서 공부하다 돌아갈 때 고개 들어 바라본 밤하늘은 온통 별천지였다. 가로등도 제대로 없는 그곳에서 선명하게 은하수가 은빛 강물 되어 흐르고 있었다. 누군가가 은하수 보며 소원을 빌면 이루어진다고 해서 우리는 두 손 모아 소원을 빌었다. 별빛의 기운을 담뿍 받고서 쏟아질 듯한 별을 세면서 돌아오는 그 밤길에 차오르는 설렘이 그렇게도 먹먹하게 좋았다. 그 후로 힘든 일이 생길 때면 윤동주의 '별 헤는 밤'처럼 별을 보며 위로를 받았다.

남녀공학 3년을 한 반에서 공부하며 생활하다 보니 3학년 때는 우리 여학생들이 남학생들보다 더 말괄량이였나 보다. 쉬는 시간이면 남학생들은 우리와 눈이라도 마주칠까 봐 한 명이 나가면 뒤따라 우르르 몰려나가 시작종이 울려서야 들어왔다. 그러던 4월의 어느 날 책상 속 남학생 도시락을 우리가 한 개 까먹고 다음 쉬는 시간에 또 한 개 까먹은 적이 있었다. 마침내 운명의 점심시간이 되어 그 사실이 발각되어 남학생들의 웅성거리는 소리를 국어 샘(이명자)이 듣고서 여자애들이 드세다며 교무실에 불려가 야단맞고 다시는 안 하겠다고 약간 의기소침했는데, 수업 끝나고 집으로 돌아오는 길에 김창수 샘(이하, 샘)과 마주쳤다. 또 혼나겠구나 싶었는데 "어째, 도시락 맛있었냐?" 하면서 웃어 주시는데 완전 우리 친구인 것만 같았다.

더운 여름, 오후 수업 시간에는 가끔 학교 앞 황룡강으로 물놀이를 갔다. 샘이랑 남학생, 여학생 모두 옷 입은 채로 강물에 풍덩 뛰어들어 수영도 하고 서로서로 물장구도 치면서 튜브 하나 없이 어찌 그리 신이 났던지. 특히 돌아오는 길에 샘이 아이스크림 하나씩 사주실 때면 한 입 베어 먹기도 아까워 조금씩 빨아 먹다가 아이스크림이 내 손가락까지 흘러내리면 손가락까지 빨아 먹었던 그 기억의 달달함이란….

학교 뒷동산에 햇볕이 좋은 날엔 혼자서 나무들 사이로 숨어 누워 있곤 했는데, 포근하고 근질거리는 따스함이 좋아 마냥 오래도록 누워 있다가 친구들이 부르는 소리에 내려가곤 했다. 그럴 때 가끔 샘의 노랫소리를 들을 수 있었다. 선생님은 노래 부르는 걸 참 좋아하셨다. '목련꽃 그늘 아래서 베르테르의 편질 읽노라 구름 꽃 피는 언덕에서 피리를 부노라(사월의 노래)' '초연이 쓸고 간 깊은 계곡 깊은 계곡 양지 녘에 비바람 긴 세월로 이름 모를 이름 모를 비목이여(비목)', '누구의 주제런가 맑고 고운 산 그리운 만이천봉 말은 없어도(그리운 금강산)' 등 주로 가곡을 부르셨는데 학교 어디쯤 계시는지 알 수 있을 만큼 굵직하고 낮은 바리톤 목소리가 내가 누워 있는 곳까지 들려왔다. 처음 듣기에는 어려운 노래였는데 샘이 자꾸 부르시니 듣기에 참 멋스러웠다. 샘 노래가 학교 어디쯤에서 들릴 때면 학교 공기가 아늑하게 편안해지면서 이상하게 기분이 좋아지면서 모르는 노래를 따라 부르고 싶어 귀를 쫑긋거리곤 했다.

우리 집은 아빠는 항상 아프셔서 누워만 계셨고 엄마는 일 나가셔서 밤늦게 돌아오셨다. 넷째 딸인 난 항상 중간에서 투정 부리지 않고 떼 안 쓰는 착한 아이였다. 딸 6명 그리고 막내아들 1명 중 넷째 딸인 내 이름이 집안에선 거의 불리질 않았다. 아픈 아빠는 아들만 찾았고 일하시는 엄마는 집에 안 계셨고, 집에서는 동생들 챙기느라 투정 한번 못하는 그런 아이였다.

그런데 샘이 학교에서 "영남아!"라고 불러 주실 때 처음으로 내 이름이 엄청 예쁘다는 생각이 들었다. 아빠한테 부족했던 사랑을 받는 것처럼 내 이름을 불러 주실 때마다 특별하게 보호받는다는 색다른 느낌이 들었고 "영남아!"라고 불러 주실 때마다 난 콩콩 뛰어오르고 싶었다.

참 지독하게 가난했던, 학용품 하나 내 것이 없었던 그 시절이었음에도 삼동중학교는 우리를 넉넉하게 감싸 주셨던 샘들과 허물없이 지낼 수 있는 친구들이 있어서 좋았다. 그곳은 모든 것들이 즐거운 놀이가 되는, 놀이동산 같은 늘 그리운 나라 삼동중학교였다.

●

중앙고등학교에 대한 단상 그리고 김창수 선생님

정채선(중앙고등학교 졸업, 현 감정평가사)

나에게 모교를 물으면 서슴없이 중앙고등학교라고 말하게 된다. 초·중·고·대학교를 나왔지만 가장 먼저 떠올리는 모교는 중앙고다.

중학교 때까지는 공부를 꽤 잘하는 모범생이었다. 공부도 잘하지만 큰 말썽도 피우지 않는 전형적인 모범생. 그렇다고 중앙고에 와서 모범생이 아니었던 건 아니다. 학교에서 하는 보충 수업, 야간자율학습에 새벽부터 밤까지 모두 참여하는 모범생이었지만, 성적은 예전 같지 않았고 이성에 관심이 많았으며 소위 노는 친구들과 가끔 어울리기도 하고 담배도 피우는 방황하는 모범생(?)이었던 것 같다.

"나는 중앙을 사랑한다."

교정 가운데 쓰여 있던 문구처럼 나는 중앙을 사랑했다. 어쩌면 그다지 굴곡 없던 내 인생에서 가장 방황했던 시기였고, 모범생으로서의 가장 큰 덕목인 성적이 급락하여 절치부심하던 시기였으며, 결국 원하는 대학에 진학하지 못하여 인생에서 처음으로 큰 실패를 겪었던 곳. 그 당시 쓴 일기를 떠올리면 내 처지가 너무 비참하고 두려운 나머지 나를 패배자로 규정했던 것 같다. 나는 세상의 쓴맛을 처음 겪었다.

하지만 나는 여전히 중앙을 사랑한다. 어쩌면 내 학창시절 중 가장 부침이 있었던 시기였지만, 나는 중앙고 시절을 후회한 적이 없다. 비록 고교 평준화 후 입학했지만, 전통 있는 학교의 일원이 되었다는 자부심이 있었고 이는 1학년 당시 야구 응원을 겪으면서 어마어마한 열정과 성취감에 더욱 고취되었다. 봄이 되면 여러 가지 색으로 뒤덮이는 창덕궁 뒤뜰을 보는 게 좋았고, 여름방학 때 보충 수업이 끝나고 도서관 벤치에 누워 느꼈던 시원한 바람이 좋았다. 그 당시 여느 남학교가 그렇듯이 체벌은 있었지만 머리를 기르게 해줬고 한 달에 한 번씩 교복을 세탁하기 위해 사복을 입게 해줬으며 화장실 청소를 학생들이 하는 것에 대해 학생들에게 의견을 먼저 물어주던 민주적인 학교였다. 마치 연인에 대한 맹목적인 사랑처럼 나는 중앙을 사랑했고, 여전히 사랑한다.

그런 중앙고의 기억 속에 김창수 선생님이 계시다. 사실 어릴 때는 그렇게 숫기가 많은 편이 아니라 선생님들과 친하게 지낸다는 생각을 못 했었다. 그래서 김창수 선생님과의 기억도 단편적이며 내가 그 당시 느꼈던 기억이 전부다. 하지만 나는 선생님의 '그 한마디'에 위로를 받았으며 힘을 얻었다.

선생님과의 첫 만남은 조금 강렬했다. 첫 등교 날 나는 반에서 유일하게 지각을 하고 말았다. 처음으로 버스로 등교하는 나의 명백

한 실수였다. 우리 반 담임이셨던 선생님은 분위기를 잡기 위해서 였는지 나의 따귀를 몇 대 세게 때리셨다. 그 정도로 맞아본 적이 한 번도 없었던 나는 정신이 하나도 없었고 볼은 빨갛게 부어올랐다. 교실에는 정적이 흘렀고 선생님은 수돗가에 가서 세수하고 오라고 하셨다. 나는 그 후 얼이 빠진 건지 다른 선생님들께 그날 하루만 몇 번을 더 걸려서 지난 학창시절 9년 동안 맞은 횟수만큼 하루에 맞고 말았다. 나는 반에서 1등으로 입학했었다.

선생님께서 어느 날 나를 교무실로 부르셨다. 선생님 담당이셨던 세계사 문제집을 하나 주시면서, 무슨 말씀을 하셨는지는 잘 기억 이 나지 않지만 자상하게 격려해주셨던 것 같다. 나는 그때 반에서 1등으로 들어온 녀석이 성적이 많이 떨어지고 헤매는 게 안되어 보 여서, 그리고 혹시 첫날 나를 때리신 게 그 계기가 된 게 아닌가(이 얘기를 하셨던 것도 같다. 미워서 그런 게 아니라고), 미안해서서 그런 거라 고 생각했다. 그래도 감사했다.

선생님의 수업은 사실 잘 기억이 안 나지만 깨어있는 분 같았다. 학생들을 위해서 무언가 노력하시는 듯했다. 하지만 그때는 내가 너무 어려서였는지 구체적인 기억은 없지만, 대학 시절 우연히 만 났던 중앙고 선생님들께 김창수 선생님이 대안학교를 설립하시러 중앙고를 떠나셨다는 말을 듣고 공감했던 기억이 있다.

2학년 이후에는 담임선생님이 아닌 세계사 선생님으로 수업에서 뵙게 되었다. 언제부터인지는 모르겠는데 선생님은 나를 예뻐해 주셨던 것 같다. 아마도 지나가다 마주쳐서 인사를 드리면 웃어 주셨던 것 같고, 수업에서도 내 이름을 불러 주셨다. 그리고 내 인생에서 가끔 꺼내어 용기를 내게 해준 말씀을 해주셨다.

어느 날 수업 중에 내게 말씀하셨다. 내 눈빛이 살아있다고…. 그래서 잘될 거라고…. 여전히 빌빌대고 있던, 이것도 저것도 아닌 사람이 되고 있는 듯했던 내게, 당신께서는 뜻밖의 찬사를 해주셨다. 아마도 나는 인정에 목말라 있었다. 고등학교 입학 이전까지 인정받는 모범생이었던 나는 고등학교에 와서는 성적과 자신감, 인정을 모두 상실했었다. 혼자서 아등바등해봤지만 역부족이었다. 그래서 뜻밖이었지만 기분이 좋았다.

그때는 그냥 흘려버린 듯했지만, 그날의 짧은 기억은 내 뇌리에 남아서 내 삶에 지속적인 힘이 되었다. 집안의 반대에도 재수를 선택해서 더 나은 대학에 입학했고, 군 제대 후 우연히 시작한 감정평가사란 시험을 반복되는 실패 속에서도 놓지 않고 돌고 돌아 합격했다. 나는 실패를 두려워하지만 포기하지는 않는 사람이 되어있었다. 안정보다는 도전을 택하고, 실패에서 더 많은 것을 얻는 방법을 체득하게 되었다.

나는 직장생활과 공부를 병행하던 5년 전 즈음에 김창수 선생님의 거취를 수소문했다. 인터넷 검색으로 선생님이 계시던 학교를 찾아냈다. 그리고 학교에 이메일을 보내서 연락처를 받았다. 그리고 연락을 드렸다. 아직 나는 힘든 상황이었지만 몸이 편찮으시다는 기사를 보고 더욱 지체할 수 없다고 생각했다. 선생님은 나를 잘 기억하시지 못하는 듯했지만 나는 좋았다. 꼭 해야 할 일을 한 기분이었다.

꼭 한번 뵙고 싶었다. 그리고 올해 20여 년 만에 당신 아들의 결혼식에서 뵈었다. 선생님께 인사를 드리고 주름이 깊게 파이셨지만 아직도 당당하신 모습에 마음이 놓이는 듯했다. 나는 먼발치에서 선생님 모르게 몇 번 더 선생님을 바라보고 발길을 돌렸다. 도착했을 때 내리던 비가 그치고 밝은 햇살이 비치고 있었다. 담담하지만 가벼워진 마음으로 다시 한번 선생님이 계신 곳을 돌아보고는 새로운 길을 나섰다.

•

푸른꿈의 마중물, 김창수 선생님

이무혼(푸른꿈고등학교 공동설립자, 현 푸른꿈고등학교 교사)

1996년 가을 무렵, 인천의 모 여상에서 2년여 동안 근무하던 중 내 교직 생활에 큰 고민이 찾아왔다. 당시 매스컴에는 성적비관으로 아파트 옥상에서 자신의 삶을 마감하는 안타까운 청소년들이 연일 보도되고 있었다. 상황은 다르지만 내가 근무하는 학교에서도 청소년의 탈선과 학업 중도탈락으로 연일 생활지도에 여념이 없었다. 그러던 중 당시 정기구독하던 〈우리교육〉이라는 교육 잡지에서 김창수 선생님의 '제2의 영산성지고를 만들자'라는 기고문이 눈에 확 띄었다. 지금 사회적으로 통용되는 단어인 대안교육, 대안학교의 탄생을 알리는 기고문인 셈이다.

아이들 문제의 돌파구를 찾던 나로서는 '제2의 영산성지고를 만들자'를 기고한 김창수 선생님이 어떤 선생님인가 궁금했다. 어렵게 연락하여 토요일 오전수업을 마치고 준비위 사무실이 있던 서울 잠실을 찾았다. 과학 관련 사설학원 한쪽에 작은 책상을 두고 사무실을 꾸리고 있었다. 당시 준비 단계의 소박함(?)이 너무나 지나쳐 황당한 상황이었지만 현직에 근무하는 김창수 선생님을 만나고 이야 기를 나누며 그 자신감 넘치는 모습에 참여하기로 결정했다.

김창수 선생님과 이야기를 나누는 과정에서 느낀 것은 교육을 바라보는 패러다임의 전환이었다. '학생과 학생' '교사와 학생' 간의 인간적인 관계 맺음이 가능한 학교, 그리고 지금에야 젠더감수성이 당연하게 여겨지지만 당시에는 다소 낯설었던 '성차별이 없는 학교' 외에 '지역과 함께하는 공동체적 가치관을 견지하는 학교' '자연과 인간이 공존하는 생태적 교육' 등은 흥미로운 공부 과제로 다가왔다.

배움은 실천으로 이행해야 한다는 것은 나의 오랜 생각이다. 1996년 눈 내린 서울을 오가며 몇 차례 학교설립준비위 회의에 참여했다. 근무하는 학교인 인천에서 서울을 오가며 지하철에서 많은 생각을 했었다. 대학을 졸업하고 2년여 지나 정말 어렵게 교단에 섰는데 형체도 없고 더군다나 그 속을 들여다보니 학교를 설립하기에는 턱없이 빈한한 이 조직을 믿을 수 있을까, 하는 질문이 꼬리에 꼬리를 물었다. 그러나 무슨 용기였을까, 아니 무슨 이유가 있어, 지금에야 외관상은 번듯한 이곳 푸른꿈고등학교에 투신하게 됐을까, 라는 질문을 20여 년이 지난 지금 다시금 해 보았다.

그것은 푸른꿈의 마중물인 김창수 선생님이 그곳에 있었기 때문이란 결론을 얻었다. 수많은 회의를 통해 얻은 것은 논의과정의 소중함이었다. 물론 논의 결과도 중요했지만. 모임의 전반이 지극히 민주적이고 합리적으로 운영되도록 노력하고 있었다. 더디 가더라도 함께 가는 조직은 생명력이 유지된다고 믿는다. 당시 대안학교를 이해하지 못했던 필자에게 김창수 선생님은 고병헌 교수님의 대학 강의도 청강하고 감신대 송순재 교수님과 함께 깊이 있는 스터디도 할 수 있게 해 주었다.

준비위를 구성하고 3년 남짓 함께 활동하다가 건강상의 이유로 더 이상 푸른꿈과 함께하지 못한 김창수 선생님은 푸른꿈고등학교의 마중물이었다. 늘 온화한 미소로 동료 교사를 대하고 믿고 함께하길 원했던 푸른꿈에 대한 선생님의 큰 그림을 더불어 못 그려낸 아쉬움은 너무나 크다. 그래서 어쩌면 개교 20년을 넘긴 푸른꿈이 아직도 흔들리고 있는지 모른다는 생각을 해본다.

푸른꿈학교에는 정말 많은 이들의 헌신과 소망이 담겨 있다. 그래서 헤아릴 수 없는 많은 이들의 이름이 기억되어야 하는 학교이다. 그것이 바로 단독 설립자가 없이 설립과 운영에 참여한 모든 이들의 학교로 남아 있는 이유이다. 그래서 푸른꿈의 마중물이 되어 준 김창수 선생님의 역할이 큰 이유이다. 감사의 마음을 담아 김창수 선생님이 생각했던 20여 년이 지난 '푸른꿈을 가꾸는 학교'를 다시 소환해 생각해보는 시간을 가져 본다.

김창수 선생님, 나, 한빛고

황정현(한빛고등학교 재학 중 유학, 현 미국 간호사)

고등학교 진학을 앞두고 어머니께서 한빛고에 진학하는 것이 어떻겠냐고 물으셨다. 어머니가 알려주신 한빛고 관련 정보를 토대로 나름대로 한빛고를 알아 가면서 가슴이 두근거렸다. 중학생 여자아이의 눈에 보이는 학교의 아기자기한 디자인, 나름대로 실속 있고 알맹이가 있어 보이는 색다른 교과목들, 단순히 주지교과뿐만 아니라 농사나 현대사를 배우고, 철학과 예능 등의 다양한 교과목들이 있고, 그럼에도 불구하고 일반 인문계 학교 공부도 책임지는 학교라는 생각이 들었기 때문이다. 또한 학생 선발 과정에서 학생생활기록부뿐만 아니라 학생과 부모님 인터뷰도 한다는 것은 중학생이었던 나에게는 굉장히 색다르게 다가왔다. 지금 생각해봐도 여러 가지 면에서 필요한 공부는 확실하게 챙겨주면서도 학생들을 숨 쉬게 만들 수 있는 학교였다는 생각이 든다.

내가 김창수 선생님을 처음 만난 것은 미술실에서 혼자 그림을 그리고 있었을 때다. 그 당시 나는 참 호기심이 많고 사춘기를 맞아 딴에는 굉장히 진지하게 인생, 선과 악, 사회의 가치 기준, 장래 등 여러 가지로 괴로워하고 있었다. 나는 그때 선생님이 교장 선생님인 줄도 모르고 자연스럽게 대화를 이어나가기 시작했다. 나는 선생님께 선악의 기준과 그것의 모호함, 그것이 또한 우리 사회에 법, 문화, 관행으로서 발휘되는 것의 모순에 대해 질문했고 선생님께서는 나름대로 답을 해주셨던 걸로 기억한다.

뿌연 기억 속에서 선생님께서는 "우리 정현이도 알잖니. 정말 죄가 되는 것은, 예를 들면 악의로 정의되는 위법(범죄)들은 우리가 굳이 물어보지 않아도 나쁘다는 걸 말이야." 그냥 고개를 끄덕였으면 되는 일을, 반항기가 섞여서일까, 또한 속에 있는 것은 말하고 물어봐야 하는 성미 때문일까. 선생님을 빤히 바라보고 "왜 그래야 하죠? 왜 질문을 하지 않아야 하죠?"라고 말했던 것으로 기억한다.

아마도 다음날인가? 기억이 정확하지는 않지만, 선생님과 우연히 또 복도에서 마주쳤다. 선생님께서는 집에 가서 나에 대한 생각을 계속하다가 분석을 마치고 결론을 내렸으며 그 후로는 푹 잤다고 했다. 선생님께서 해 주시는 여러 가지 이야기, 선생님도 나만 했을 때 얼마나 힘들고 나와 같은 생각과 질문이 많았는지, 얼마나 나와 비슷했는지 웃으면서 이야기해 주시고 손을 잡아주시니 나름 특별한 취급을 받는 느낌이 들어 얼마나 우쭐했는지 모른다.

지금도 생각이 난다. 그때 가정환경에서 오는 괴로움으로 혼자 밤에 아무도 모르는 곳에 가서 울고 있다 선생님께 들키자 선생님이 맛있는 것 주시고 위로해 주시며 나를 데리고 바람 쐬러 나가 주셨던 때를. 어느 날 기숙사 안내 방송으로 "황정현 학생, 교장실로 와주세요"라고 선생님이 직접 멘트를 날려 내가 무언가를 잘못해서 불려 가야 할 일이 생겼나 하고 긴장해서 갔을 때, 단순히 친구로서 내 상황이 궁금해서 불렀다는 이야기를 듣고 느꼈던, 정에 사무친 당혹스러움. 참 지금 생각해보면 정말 아픈 손가락처럼 나를 아껴 주셨다는 생각이 든다.

아버지가 교환교수로 미국으로 가게 되었을 때 선생님께서는 말씀하셨다. "너의 성향으로 봤을 때, 선생님은 네가 미국에서 자라는 것도 나쁘진 않을 것 같다"라고. 신기한 건, 두 학기만 지나면 한국으로 돌아오기로 되어있었는데 이상하게 선생님이 말씀하셨던 것이 현실이 되어버렸다. 1~2학기 정도의 미국 체류 예정이 지금까지 이어진 내 삶이 되었고 나는 그것을 신의 뜻으로 받아들이고 있다.

미국에 처음 왔을 때 나는 한국에 두고 온 친구들과 선생님이 너무나 그리웠고 선생님께 거의 하루 이틀 걸러 전화했다. 그런데 선생님은 그때 과감하게, 이렇게 전화를 계속하는 것은 내게 좋지 않은 것이라고 말씀하셨다. 지금 내가 생각하기에도 선생님의 따끔한 충고가 필요했었다. 그렇게 계속 연락하고 마음을 내 몸이 있는 곳에 두지 못하면 새로운 가치관과 경험에 나 자신을 개방하지 못했을 것이고, 그건 나 자신을 억제하고 문 닫는 일이었을 테니까. 사랑하는 어린 제자가 새로운 땅에서 잘 적응하고 뿌리를 내려 살아갈 수 있도록, 부모님들이 자식들을 사랑하니까 쓴소리하는 것처럼 나에게 그런 소리를 하신 것이다. 그 후 선생님께서 충고하신 대로 선생님께 연락을 안 하고 나는 미국 땅에서 나름대로 살아남아야 했다.

처음에는 미국 땅에서 살아남는 것도 그렇지만 가족 상황이 너무 힘들어서 모든 걸 포기해버리고 싶을 때도 있었다. 하지만 선생님의 그 말씀이 나로 하여금 젖 먹던 힘까지 다해서 버티게 하고 성장시키는 데 도움을 주었고, 나는 나름대로 굉장히 독특한 경험과 추구, 질문을 통해 예수님을 만나고 간호사의 길을 걷게 되었다.

그 날 선생님의 따끔한 충고-연락을 줄이라는 선생님의 tough love-가 없었으면, 선생님께서 그냥 오냐오냐 받아주셨으면 나는 어떻게 되었을까? 그때 선생님께서 말씀하신 '새로운 경험'을 그때는 그냥 '새로운 문화와 언어를 공부하는 것' 정도로 여겼지만, 지금 내 인생과 가치관이 많이 바뀐 것을 보면 선생님의 말씀과 직관력이 너무나 깊이 다가온다.

김창수 선생님을 비롯하여 한빛고의 손은주 선생님, 서호필 선생님, 최동희 선생님은 내 인생에서 스승님이신 분들이고, 정말 각별하고 애틋한 연결고리를 가지고 있다. 한빛고 선생님들과의 스승과 제자의 인연은 한국의 다른 학교에서의 인연들과도 너무나 다르다. 단순히 반을 관리하는 교사로서만이 아니라 스승으로서, 어미 새가 자신의 날개 아래서 새끼를 보호해주다가도 적절한 때가 되면 새끼를 절벽 아래로 떨어뜨려 스스로 날게 하는 엄격함도 갖추고 있기 때문이다. 내가 지금의 나로 있을 수 있게 한 선생님들의 보호와 사랑, 나를 나 그대로 보아주고 어머니처럼 사랑해주셨던 그때의 선생님들이 계셔서 지금의 내가 있지 않나 생각한다.

•

그리운 그때, 녹색대학교 그리고 김창수 샘

정미은(녹색대학교대학원 교육학과 수료, 현 함양 온배움터 대표)

2003년에 개교한 우리나라 최초의 대안대학인 녹색대학교!

녹색대는 학부과정 36명의 학생과 100명이 넘는 대학원 과정(녹색교육학과, 생태건축학과, 자연의학과)의 신입생들 그리고 900명이 조금 넘었던 녹지사들의 후원과 뜨거운 사회적 관심 속에서 실로 장대하게 개교했다. 1997년 개교한 간디학교를 비롯한 6개 학교를 시작으로 대안교육에 대한 논의와 함께 대안학교 설립은 봇물 터진 듯, 자고 나면 학교가 하나씩 생기는가 싶을 정도였다. 이러한 유치원과 초·중·고 과정의 대안학교 설립 와중에 '녹대' 설립은 최초 '대안대학'의 설립이었던 것이다.

70~80년대에 사회적 문제를 끌어안고 싸웠던 대안세력들의 고민들, 적어도 자신과 자신의 아이들은 완고한 기존의 교육체계 속에 밀어 넣고 싶지 않았던 그 열망들이 대안학교에서 교사와 학부모로, 대학에선 늙은 학생으로 만나게 하였고, 우리는 서로를 금방 알아보았다. 개교 당시 나는 산청의 작은 대안학교 교사를 하며 녹색

교육학과 대학원 과정의 학생으로 입학했다.

상상해 보라. 함양 백전중학교 이 터에 주중엔 학부생 40여 명과 주말에는 100명이 넘는 대학원생들이 밤새 '과'를 넘나들며 강의와 토론으로(물론 술도 곁들여) 불야성을 이뤘던 녹대 초기의 그 광경을! 초기의 찬란했던 이 기억들과 함께, 다소 전투적이었던 '녹색전사'나 '문명치료사'를 키우고자 했던 초기 교육목표까지도 내게는 퍽 그럴듯해 보였다.

대안교육, 생태교육철학, 영성철학, 아나키즘, 인디언의 영성, 동학…. 이런 학습과 논의들로 우리는 작은 해방구를 만끽했었다. 무엇보다 모인 샘과 물들이 마냥 좋아서 개교 초기의 충분하지 않았던 교육내용 대신 우린 서로에게라도 기꺼이 배우고자 했었다.

또 상상해 보자. 전국의 녹색전사 100여 명이 각자의 관심과 비전에 따라 학문공동체를 꿈꾸며 토요일 오후 4시면 녹색대로 집결하는 광경을. '녹대'라는 공간에서 서로를 확인하는 순간 전쟁터에서 살아 돌아온 동지를 맞이하듯 서로를 환대했고, 일요일 오후 5시 집으로 가야 할 시간까지 서로를 깊이 배려하고 사랑했었다. 놀라운 경험이었다. 그런 2년 과정을 마쳤고, 십수 년이 지나도 남아 있는 그 시절을 향한 우리들의 이 그리움은 아마도 그 관계 속에 녹아 있는 것 같다. 그러나 한 학기를 다 마치기도 전에 준비되지 않은 교육과정과 비전으로 학교 전체가 삐걱거렸다. 그런데도 물들은 등록함으로써 학교를 만드는 데 함께한다고 생각했고, 적어도 우린 철없이 행복하게 2년을 보냈다. "함양까지 어떻게 그렇게 다녔을까? 이젠 돈을 준다고 해도 그리 못할 거야." 가끔 만나는 동기인 큰언니의 말이다.

'녹대'라는 그 공간에서 대안과 교육을 논의하며 2년간 서로 하나되었던 그 중심에는 당연 김창수 샘이 계셨다. 샘이 계셨기에 가능했던 일이다. 선생님의 대안교육 경험과 인간에 대한 따뜻한 이해와 인품, 역사와 사회를 향한 무한한 애정으로 선생님 계신 곳은 언제나 훈훈했었다고 기억한다. 당시에 몸이 좋지 않아, 늦은 술자리에서는 주로 우리를 가만히 지켜보고 계셨고, 가끔 하시는 말씀은 거의 세상과 인간을 위로하는 말이었다. 아니면, 아주 유쾌한 농담이었거나. 우리의 늦은 술자리는 5분, 10분마다 웃음이 터져 나온 웃음바다였다. 그래서 선생님은, 갖고 계신 진지한 역사관에 비해 소년의 유쾌함이 살아있는, 적어도 내게는 편한 큰오빠 같은 존재였다.

나는 선생님을 떠올릴 때면 '위로'라는 단어가 함께 떠오른다. 모든 인간과 상황은 그 시대를 반영할 터. 각자의 욕망과 상처를 끌어안고 '녹대'에서 교육을 통해 뭔가 돌파구를 찾으려 했던 교육학과 28명의 물들은 무심히 던진 선생님의 말씀에 종종 작은 위로를 안고서 집으로 향하곤 했었다. 또, 당시 선생님의 '교사론'이라는 수업을 듣고 있노라면 '교사는 위로하는 존재인가?' 하는 질문을 하게 하셨고 결국 '그렇구나' 하는 생각을 하게 하셨던 기억도 있다. 누군가는 또 다른 언어로 선생님을 기억할 수도 있을 것이다.

나의 김창수 샘은 '위로의 선생님!'

우리가 학교를 졸업하고도 3년간(?) 더 교육학과를 이끄셨고, 이후 '녹대'를 떠나 지혜학교를 설립하셨다. 돌이켜보니 김창수 샘이 교육학과 전임 샘으로 계셨던 5년간이 교육학과가 가장 빛나는 시기였을 것이다. 지혜학교가 자리를 잡을 무렵, 선생님이 매우 아프시다는 소식이 전해져 왔고, 급히 교육학과 게시판에 다음과 같은 글을 올렸다.

"지병을 앓아오던 김창수 샘이 몇 달 전부터 서울에서 치료받는다는 소리가 들리더니, 어제는 간 이식 수술과 심장판막 수술을 함께 할 거라는 소식이 전해져 왔습니다. 현재 서울아산병원에 입원해 계시고, 다음 주에 수술을 한다고 하네요.

수술비가 1억 2천 정도? 사모님께서는 그 돈을 마련하느라 백방으로 뛰어다니시나 봅니다. 이 소식을 어제 피정 중인 큰언니가 전해줘서, 제가 녹대 교육학과 친구들에게 이리 알립니다. 저녁에 유상균 샘이 김창수 샘과 통화를 시도했더니 너무나 낮은 목소리, 쇠약한 목소리, 80세 노인네 같은 목소리가 전해져 와서 길게 얘기를 나눌 수가 없었답니다. 그저 맘을 굳게 하시라고, 꼭 수술이 잘되기를 기도한다고 말할 수밖에요.

우리가 그래도 2년 넘게 샘을 모시고 공부하였으니 이 생에서의 그런 좋은 인연은 다시 얻기 어려울 것입니다. 지금도 가끔 얘기

합니다. 어떻게 그렇게 열심히 녹대에 다닐 수 있었을까? 아마도 우린 선생님을 중심으로 서로에게서 무언가를 배우려고 스스로 가장 열려있지 않았을까? 그런 우리였기에 그저 좋았던 걸까? 김창수 샘은 언제나 옆에서 별말씀 없이 큰오빠처럼 계셔 주셨던 거, 그래서 녹대의 그 추웠던 교실이 푸근했었어요. 진리와 교육이 뭔지 배우려고 모였던 우리 개개인에게 조심스럽게 다가와 주셨던 것도 기억납니다. 그리고는 너무나 적절한 한마디로 위로해 주셨던 것도 기억나네요. 그래서 샘은 따뜻한 분으로 기억됩니다.

그분의 몸이 너무나 많이 아픕니다. 현대의학의 성과를 빌리려 하니, 우선 마음을 모으고, 샘께 파이팅 문자를 보내고, 연락되는 친구들에게 서로 알려줘야겠어요. 큰언니 왈, 돌아가시면 부조한다 생각하고 미리 돈을 모으면 어떠냐고요? 그러면 모은 마음만큼 샘께 도움이 되는 일을 하게 되겠지요. 서로서로 연락해 봅시다."

몇 번에 걸친 죽음의 고비로 샘은 더 지혜로워졌을 것이고, 더 많은 분을 위로하며 살아가실 것이다. 실제 당신의 몸이 아프고, 생활이 가난하여서 다른 사람의 아프고 아쉬운 부분이 어딘지 직감적으로 아시나 보다. 아마 선생님께서는 대안교육의 '현인'이 되실 것이 분명하다. 그리 부르면 "허허" 하고 소년같이 웃으시겠죠?

샘~~ 언제까지나 건강하시길… 기도합니다.

●

교장 선생의 상징, 지혜학교 김창수 선생님

김다우(지혜학교 졸업생, 현 초등학교 교사)

김창수 선생님은 내가 다닌 지혜학교의 첫 교장 선생님이었다. 여러 훌륭한 교장 선생님들이 계셨지만 내 마음속에는 왠지 교장 선생님의 상징으로 남아 있어 아직도 교장 선생님이라는 호칭이 더 익숙한 분이다. 백발이 성성한 머리로 늘 "허허" 웃으며 "우리 강아지들"이라고 늘 학생 이야기를 하나라도 더 듣고자 하셨던 기억이 남아 있다. "처음부터 선생은 따로 존재하지 않는다. 태어나면서부터 선생이기 때문에 선생을 하는 것이 아니라 선생 노릇을 하면서 선생이 되어간다"라는 김창수 교장 선생님의 말씀에 동의한다.

김다우! 누가 너더러 선생 되라 하였느냐?

어린 시절 나의 꿈은 선생이었지만 선생이 아니기도 했다. 어른들은 대부분 아이에게 "커서 뭐가 되고 싶니?"라고 묻는다. 초등학교 무렵 나의 대답은 "선생님"이었으며, 어른들은 선생이란 직업이 가지는 안정성, 편리성 등을 이야기하며 그것이 좋다고 말해주었다. 지금 생각해보면, 그 시절 나는 그 직업이 남들이 생각하기에 '좋은 직업'이었기에 선생을 하고 싶다고 생각했던 것 같다.

굳게 믿어왔던 그 꿈은 지혜학교에 입학한 뒤 흔들렸다. 지혜학교에 입학하기 전 나는 대한민국의 아주 평범한 학생이었다. 학교에서는 조용하며 책 읽기를 좋아하고, 시험 기간이 되면 공부를 하고, 시험이 끝나면 친구들과 시내로 놀러 가기도 하는. 중3 겨울, 당연히 집 근처 공립 고등학교에 가리라고 생각했던 나에게 엄마가 "너, 대안학교 가볼래?"라고 물었다. 대안학교라는 곳을 TV에서 지나가듯 들었던 나는 대안학교가 공부를 못하거나 안 하는 학생들이 가는 꼴통(?) 학교인 줄 알았다. 깊이 생각하지 않고 "안 돼, 엄마 나 대학 가야 해"라고 말했던 기억이 난다. 엄마는 그런 나에게 대안학교는 그런 곳이 아니며 어떤 곳인지 제대로 알아보고 결정하라고 조언하셨다. 인터넷을 통해 살펴본 대안학교와 지혜학교는 내가 생각했던 것과 달랐고 공부 외에 다양한 것들을 경험할 수 있다는 점이 내 마음을 움직였다. 결국 나는 지혜학교에 가게 되었다.

지혜학교는 내가 입학하던 해 첫 학생을 받았다. 처음이었던 만큼 준비되지 않은 것들이 많았다. 하지만 그만큼 함께 만들어가는 부분도 많았다. 입학한 첫해 겨울, 우리는 20명 남짓의 친구들과 조립식 주택에서 생활했다. 기숙사가 지어지는 터에 가서 첫 삽을 뜨고, 서로 처음인 친구들과 서로 다른 생활 방식에 적응하며 나는 원형 탈모를 겪었다. 그때는 무엇이 그렇게 힘들었는지 잘 몰랐다. 지금 생각해보면 낯선 대안학교 생활에서 쌓인 무의식적 중압감, 자기 자신에 대한 물음과 혼란이 차곡차곡 쌓였던 것 같다.

지혜학교 학생들은 이상하게도 한 번쯤 방황의 시기를 겪는다. 사회가 요구하는 대로 살던 아이들이 정해진 시스템을 벗어나서 이 자유를 어찌해야 할지 혼란스러워하기 때문이다. 몇 시간이고 혼자 마을 산책하기부터 학교 밖을 뛰쳐나가는 교출까지 다양한 종류의 방황이 있다. 그 당시 나는 이유 모를 우울함에 사로잡혀 '나는 누구인가?' 등 답을 내리기 어려운 고민을 몇 시간이고 되뇌며 혼자만의 시간을 보냈다. 이때 정의하기 어려운 '나만의 철학'이 생겼다.

지혜학교의 교육철학은 '성찰적 지성인'을 기르는 것이다. 그 목표를 위한 핵심적 방법은 '철학적 성찰'이다. 학교에서 철학사나 다양한 철학 사조도 배웠던 것 같은데 솔직히 이제 기억이 안 난다. 나에게 남아 있는 철학은 내가 어떤 삶을 살 것인가에 대한 나침반, 내가 세상을 받아들이는 필터이다. 지혜학교가 내 삶에 남긴 가장 큰 유산이라고 할 수 있다.

지혜학교에서 나는 처음으로 보통 학교가 요구하는 규칙이 당연하지 않다는 것을 알았다. 학교의 일을 정할 때 학생들의 의견도 중요하다는 것을 깨달았다. 초등학교에서, 중학교에서, 나는 학교의 일에 대해서 한번도 의문을 가져 본 적이 없었다. 학생은 학교가, 선생님이, 제시하는 규칙을 지키는 것이 당연했다. 학교를 사랑하고 선생님을 존중했으나 그들과 소통하려 시도한 적은 없었다. 하지만 지혜학교에서 학생들은 틈만 나면 교무실에 놀러 갔으며 선생님과 시시콜콜 이야기했다. 전체회의에서 중요한 사안을 결정했고 학생회와 동아리를 통해 학생들의 다양한 활동과 도전이 용인되었다.

'선생'에 대한 생각도 달라졌다. 선생님은 수업을 진행할 뿐만 아니라 학생들과 일상을 공유했고, 우리는 방학 중에 선생님 집에 초대받아 놀러 가기도 했다. 함께 진로기행, 동아리 활동 등을 진행하며 다양한 영향을 받았다. 나는 생태동아리에서 활동했는데 지도 선생님, 동아리 학생들과 토의하여 학교 전체 학생들을 대상으로 우리 동아리가 기획한 프로그램을 운영하고 소개하면서 소극적이던 성격이 변화하기도 했다. 우리 학교는 기숙사제에 한 학년에 한두 반이 전부라 온종일 부대끼는 친구들 사이에 갈등이 자주 일어났는데, 선생님은 그런 상황을 중재하며 고역을 겪기도 했다. 그런 과정에서 점차 선생님의 인간적인 면모를 느끼게 되었다. '선생님도 완벽하지는 않구나' '선생님이 학생의 삶에 이렇게나 큰 영향을 끼칠 수 있구나'와 같은 생각이 들었고 '내 꿈이 정말 선생님이 되는 것일까?'를 진지하게 생각하기 시작했다.

결과적으로 지금의 나는 선생이 되었다. 내가 있었던 지혜학교가 가지는 대안학교의 장점을 공립학교 학생들도 경험하도록 돕고 싶었다. 대안교육이 더 좋은 교육이라고 생각하지는 않지만 적어도 학생이 자신의 삶을 선택할 기회를 주는 교육이라고 생각한다. 한 학생의 삶에라도 선한 영향력을 끼칠 수 있는 선생이 되고 싶은데, 쉽지는 않다. 지금의 나는 지혜학교에 막 입학한 학생 시절처럼 '나는 어떤 선생인가?'에 대한 고민을 끊임없이 되뇌고 있다.

부록 1

대안교육과 대안학교

1. 대안교육 운동의 시작

"희망이란 본래 있다고도 할 수 없고 없다고도 할 수 없다. 그것
은 마치 땅 위의 길과 같은 것이다. 본래 땅 위에는 길이 없었다.
걸어가는 사람이 많아지면 그것이 곧 길이 되는 것이다."

(루쉰, 『고향』에서)

1995년 7월 5~6일 서울평화교육센터 주관으로, 새로운 교육의 모
색을 위한 회합이 경기도 용인의 수지에 있는 어느 수녀원에서 열
렸다. 소련의 해체와 사회주의권의 몰락은 진보적인 삶을 지향하는
사람들 대부분에게 뭔가 운동의 좌표를 잃어버린 것 같은 큰 혼란
을 가져다주었다. 실제로 사회주의 체제를 새로운 사회의 대안으로
생각하던 사람들이나 조직 및 정파는 물론이고, 막연하게 사회주의
가 자본주의보다는 적어도 상대적 우월성을 가지고 있지 않을까 하
고 생각하던 사람이나 조직 등에게도 그 심리적 충격은 실로 어마
어마하였다. 변혁 운동 그 자체가 마치 원인 무효화 된 것처럼 망연
자실한 상태에서 우리는 상실감과 패배주의에 빠져 시간을 허비하
고 있었다.

그러던 차에 교육 그 자체와 교육을 통한 사회변혁을 고민하는 일
단의 사람들이 그래도 이렇게만 있을 수 없다는 생각을 하면서, 우

리에게 희망이 남겨져 있을까 반신반의하면서 한번 모여보자고 모이게 된 것이 '수지' 모임이었다. 갑갑한데 한자리에 모여 서로 친교도 나누고 근황도 알고 바람도 좀 쐬는 자리이겠거니 하면서도, 뭔가 돌파구가 없을까 하는 생각도 하면서 모였는데, 수지에서 우리는 개별적인 고립상태로 절망하고 있는 자신들을 보았고, 그러나 그 절망이 함께 모이면 희망의 불씨로 되살아난다는 것을 현장에서 확인하고는 감격의 밤을 마다하지 않았다.

교사와 학자, 학부모와 예비 교사 그리고 전교조 조합원들과 공동체 운동가 등 여러 부문에서 활동했던 사람들 150여 명이 모였는데, 그동안 왜 우리가 한숨만 쉬고 있었는지 자성하면서 대안교육 운동의 깃발을 올리게 된 것이다. 작게는 왜곡된 교육 현실이 그대로 있고, 넓게는 '미다스의 손' 같은 자본주의 체제가 엄존하고 있는데, 달라진 것은 없는데, 그래서 더욱 뭔가 대안이 필요한데, 수지의 밤은 우리들의 나머지 삶을 가름하는 분수령이 되었다.

2. 대안교육의 개념

'대안교육alternative education'은 서구에서 먼저 시작되었는데, 그것은 학생으로 하여금 자신에게 맞는 학습기회를 다양하게 선택할 수 있게 해주자는 차원에서 등장한 교육활동이다. 사회가 비교적 안정된 서구 사회에서의 '차이'는 사회적 '차별'과 곧바로 등치되는 개념이 아니다. 또한 서구 사회는, '차이'라는 말이 설혹 사회적 차별과 관련이 있다 하더라도 공공의식의 확산과 공공영역의 확대를 통해서 그 차별을 일정 정도 해소할 합리적 장치를 가지고 있다. 그런 사회적 분위기 속에서 서구는 '학생 교육인권'과 '교육기회 다양성 보장' 차원에서 대안교육에 접근하고 있었다. 그러나 우리 사회는 여러 형태의 교육형태 중 하나라는 식의 대안교육 개념이나, 여러 형태의 학교형태 중 하나라는 의미로 대안학교 개념이 쓰이기에는 너무나 많은 편견과 차별이 엄존하고 있었다. 실제로 오늘날까지 우리 사회는 '대안학교'라고 하면 '문제아 학교'로 치부하는 경향이 있다. 우리가 처음 범한 오류는 서구의 '대안교육 alternative education'을 우리말로 어떻게 옮길 수 있는가 하는 것이었지만, 그 혼란은 오래 가지 않았다. 그것은 우리의 관심이 서구에서 행해지고 있는 대안교육의 형태가 무엇이냐 하는 것보다는 우리에게 적합한 교육형태는 무엇인가가 주된 관심이었기 때문이다.

대안교육은 소극적 의미의 대안교육과 적극적 의미의 대안교육으로 나누어 정의할 수 있다. 소극적 의미의 대안교육은 우리 사회의 근본 가치나 철학의 문제보다는 교육의 영역에서 교육방법 등과 같은 것을 문제 삼고 그것에 대한 대안을 모색하는 것이다. 어느 시대, 어느 지역을 막론하고 그 문화권이 요구하는 교육목표에 접근해 가는 데 있어서 효율적인 교육방법이 무엇인지를 놓고 비판하고 새로운 교육방법을 제시하는 등의 대안교육의 의미는 늘 있었다. 요즘 우리나라 공교육에서 이루어지고 있는 혁신학교 교육이 여기에 해당한다고 볼 수 있다.

적극적 의미로서의 대안교육은 그 개념의 영역이 교육 이상의 것을 포괄한다. 그것은 '바람직한 개인의 삶과 사회적 삶은 무엇인가?'라든가 '그것을 위한 사상적 토대는 무엇인가?' 등의 사회 전반적인 것들을 교육의 영역으로 가져와 묻고 답을 찾아가는 것이다. 이러한 의미의 대안교육은 개인의 자기성찰에서 시작하여 개인과 개인의 관계, 개인과 사회 및 개인과 세계와의 관계, 인간과 자연의 관계를 교육적으로 묻고 그러한 관계를 정상적으로 소통시키기 위한 사회적 장치까지 문제 삼는다. 포교 목적으로 운영하는 특정 종교대안학교를 제외하고 보편적 가치를 추구하는 대안학교는 거의 여기에 속한다고 볼 수 있다.

적극적 의미의 대안교육에 관해서도 두 가지로 구분해서 생각할 수 있다.[50] 교육에 있어서 사회·경제적 가치나 사상 및 문명을 문제 삼되 비판적이면서 수세적인, 그러면서 대항적 counter인 의미의 대안교육인가와 문명의 패러다임의 전환과 교육시스템의 해체와 재

---

50) 노동운동도 산업사회의 산물이라는 점에서 대항운동이다. 그것은 자본과 노동이라는 대립의 틀 속에서 작동하는 운동으로서, 자본주의적 모순이 통제되고 공유사회가 도래할수록 힘을 잃어갈 수밖에 없는 대항적 운동인 것이다. 그리고 리프킨의 말처럼 한계비용이 제로로 수렴되어 가는 사회, 사회경제적 가치를 공유하는 사회의 도래가 근본적 대안운동이다.

조직까지를 문제 삼는, 본격적이면서 근본적 의미의 대안교육인가가 그것이다.

이해가 쉽도록 적극적 대안교육의 실례로 환경운동을 들어보자. 환경문제에 대한 인식은 환경오염 문제에서 시작되었다. 환경문제는 환경오염에 이어 환경파괴와 자원고갈, 인구증가와 지구온난화, 유전자조작과 환경폐기물 등으로 그 영역이 확대된다. 이러한 환경문제에 대한 해법으로 고안된 시각은 크게 두 가지 유형으로 분류할 수 있다. 한 가지는 현 문명이 가져다주는 혜택을 향유하면서, 현 문명의 틀을 유지하는 범위 안에서 환경문제를 해결하고자 하는 '환경주의'이다. 또 다른 시각은 환경문제가 장차 큰 위기로 심화할 것이고, 이런 위기 발생은 현재의 물질 중심의 산업문명이 직접적 원인이기 때문에 현 문명의 생활양식과 제도, 가치관을 넘어서는 새 문명의 단계로 진입해야 한다는 '생태주의'이다.[51] 여기서 우리는 지속가능한 개발 등을 내세우며 인간의 편의주의를 포기하지 않고도 환경을 지켜낼 수 있다고 주장하는 환경주의 운동의 한계를 볼 수 있다. 환경주의는 현 문명에 대해 비판적이지만 대항적인 의미에 머물고 있다는 한계를 가지고 있는데, 이런 면에서 환경주의는 대항적이다.

그러나 생태위기의 근본 원인이 인간 욕망추구에서 기인한 것이며 이런 면에서 볼 때 생태위기는 어쩌면 인간이 일구는 문명 그 자

---

51) 한면희, 『미래세대를 위한 생태윤리』

체가 가질 수 있는 필연적 결함일지도 모른다는 의미로 생태주의 운동을 볼 수도 있다. 이럴 때 그것은 근원적이면서 본격적인 대안운동이 된다. 사실 생태주의 시각으로 보면 인간이 지상에 출현한 이후 신석기 이후 역사시대(청동기시대)에 접어들면서 이미 생태주의에 반하는 인간의 문명이 시작되었음을 우리는 알고 있다. 잉여 생산물을 놓고 지배와 피지배가 구조화되고 전쟁과 식민활동 등 '죽임'의 문화가 시작되었음을 여러 사료가 말하여 주고 있는데, 생태주의 입장에서 보면 인간종도 생태계 일부이기 때문에 생존 차원을 넘어선 인간끼리의 살육도 反생태적으로 볼 수 있다. 생태문제의 해결은 인간의 자기성찰까지를 아우르는 선에서 접근할 때 근본적 대안운동이 되는 것이다.

3. 근본적 대안교육

현대교육의 근본 문제는 그것이 시대착오적이라는 점에 있다. 현대교육은 프랑스혁명과 산업혁명에 그 기원을 두고 있다. 혁명을 성공으로 이끈 부르주아들은 한편으로는 감시와 처벌에 입각한 민중 통제적 교육을, 다른 한편으로는 대량생산양식에 부합하는 산업인력양성 교육을 설계하였다.

현재의 학제도 주로 18세기 후반에서 20세기 초반에 걸쳐 만들어진 것으로 초·중·고·대, 인문·실업, 일반·특수목적(예체능, 과학, 외국어 등), 일반·특수(장애, 탈북) 등으로 분리주의 방식으로 유지·분화되어 왔다.[52] 또한 학령제의 틀을 만들어 아이들 각자의 능력을 동일한 연령대 안에 가두었다. 흥미와 재능과 조건과 상황에 따라 발 빠르게 아이들이 움직이며 공부할 수 있는 여건을 조성하지 못한 것이다.

교사들은 20세기적 근대성의 한계[53]에서 벗어나지 못한 교육을 받고 자란 사람들이 주를 이루고 있는데, 사회적 가치, 교사훈련 과정, 교육현장 활동의 측면에서 구조기능주의적 태도를 극복하기 힘든 상태다. 교과서는 21세기형 융·복합의 창의적 인간 양성을 구호로 내세우고 있지만 사실상 20세기적 인간 양성에 갇혀 있다. 게다가 교육에서의 인간상은 사람됨의 교육보다는 생산에서의 창조적 인력들 즉 생산성을 높일 수 있는 인재 양성에 초점이 맞춰져 있다. 버젓이 정글의 법칙을 가르치는 신자유주의적 인간상을 지향하고 있는 것이다. 그런데 문제는 학생들이 21세기 아이들이고 문명이 후기 산업문명사회, 인공지능과 로봇이 결합한 4차 산업혁명 시대라는 점이다.

여기서 우리가 주목해야 할 것이 있는데, 그것은 아이들이 살아가

---

52) 근·현대 학교 교육 학제에 우리나라 학제를 더해서 서술함.

53) 근대성의 특징은 자유주의, 계몽적 시각, 자본주의와 과학기술문명, 주체성과 이성에 대한 강조 등이다. 그런데 주체성에 대한 과도한 의미부여는 주체성을 자각하지 못한 사람이나 그럴 형편이 못된 사람들을 타자화시켰고, 이성에 대한 강조는 이성 이외의 것들(감정, 의지, 정서, 충동, 격동, 사랑, 신명, 영성 등)을 격하하고 무시하며 희롱하는 결과를 가져왔다.

야 할 미래의 삶이 한 마디로 '불안' 그 자체라는 것이다. 인간은 '자기 죽음'이라는 근원적 불안을 지니고 산다. 거기에 더하여 내일의 아이들에게는 '생태 불안(기후변화)', '평화 불안(핵)', '기계인간 불안(인공지능+로봇)' 등이 놓여 있다.

죽음에 대한 불안은 모든 인간에 해당하는 것이고 나머지 불안들은 산업문명사회에서 우리가 조성해 놓은 것들이지만 해결책을 내놓지 못하거나 해결책을 내놓지 않는 것들이다. 사실 해결책이 있다고 하더라도, 기성세대들은 이기심에 찌들어 해법을 내놓으려 하지 않고 있다고 보는 것이 더욱 정확할 것이다. 후세대는 이렇게 치명적인 몇 개의 불안을 등에 지고 살아가게 된 것이다. 그런 아이들에게, 그 문제를 야기한 책임은 있지만 해결할 의지가 없는 기성세대가 그 위기의 해법을 제시하는 것은 한계를 가질 수밖에 없다. 그런데 다행히도 아이들은 기성세대가 제시하는 위기처리 방안과 교육적 대안이 오답이라는 것을 확연히 인식하고 거기에서 탈출하고 있다.

따라서 이제 기성세대, 특히 선생은 아이들에게 '질문'하는 존재여야 하고 아이들 스스로 '자기 답'을 찾아서 자기 문명의 대안을 만들어가는 데 힘을 보태주는 존재가 되어야 한다. 선생이 주체가 되는 '가르침의 교육'에서 학생이 주체가 되는 '학습의 교육'으로 전환해야만 한다.

우리는 대안교육 운동이 시작된 지 근 20년에 이르러서야 적극적 의미의 대안교육 중 대항적 대안교육과 근본적 대안교육을 명확하게 구분할 수 있게 되었다. 대안교육자들은 기존의 공교육으로 채울 수 없는 가치들을 담기 위한 대안교육을 주창하면서 문명비판과 거기에 대한 생명·평화교육적 대안을 말해 왔다. 그러나 교육에서의 과거의 유습 타파 즉, 학제의 해체와 다양화, 학령의 파괴와 교육장의 끊임없는 재조직에 대해서는 대안을 말하는 데 서툴렀다. 이런 측면에서 보면 나도 지금까지 대항적·비판적 대안교육자로서 살아왔음을 고백하지 않을 수 없다.

우리는 새 술을 새 부대에 담아야 했다. 대안교육의 내용과 형식이 명실상부하게 신세대와 그리고 대안 문명을 모두 담을 수 있도록 해야 했다. 그러나 생태교육과 평화교육 등의 새 술은 만들어 왔으나 그것을 낡은 부대에 담고자 하였다. 이제 상호 주체가 통용되는 시대에 문명의 방향과 교육적 가치에 대한 대안은 물론이고 학제와 학령, 교학의 주체마저도 해체하여 끊임없는 재조직 과정을 거쳐야 한다는 것을 받아들일 때 그것이 바로 근본적 대안교육이라고 말할 수 있을 것이다.

4. 대안학교의 종류

우리나라 인가 대안학교의 유형에는 크게 세 가지가 있다. 먼저 학생들이 누구인가, 즉 교육의 대상에 관심의 초점을 맞춘 학교가 있는데 중도탈락자학교가 그것이다. 이런 종류의 학교는 주로 종교단체에서 운영하고 있으며 교화적 관점과 구호사업주의적 관점 그리고 선교적 관점 등을 견지하고 있다. 교육의 자율성은 인사와 재정 및 교육과정의 편성과 학사일정의 자율성을 주된 내용으로 하는데, 종단학교들은 인사 부분에서 수평적 논의구조를 갖기 어렵다.

이어서 기능 중심의 대안학교가 있는데, 주로 '무엇'을 가르치는가에 관심을 갖는다. 부산의 디자인고등학교나 부천의 정보고등학교 등이 여기에 해당하며, 여기서는 교사의 교육적 동기를 유발하는 것이 과제로 남아 있다.

마지막으로 이념이나 가치 중심의 대안학교가 있다. 이런 종류의 대안학교는 '왜 대안교육인가?'와 '왜 대안학교인가?'를 묻는 학교들이다. 내가 재직했던 담양 한빛고 등이 여기에 속한다. 이 유형이 본격적인 대안학교라고 할 수 있는데, 사립학교의 한계인 소유권 문제를 뛰어넘지 못하는 상황이 발생하기도 한다.

또한 법적 근거를 기준으로 현재 우리나라 대안학교 상황을 보면 크게 두 종류로 나뉜다. 한쪽에는 법적으로 인가를 받은 특성화학교 및 각종학교가 있고 다른 한편에는 법적 뒷받침을 받지 못하거나 현행법 테두리 안의 대안교육을 거부하는 비인가 및 미인가 대안학교가 있다. 나는 인가 대안학교인 무주 푸른꿈고등학교 설립자 역할과 담양 한빛고 경영자 역할을 하였고 비인가 대안학교인 함양 녹색대학교 공동설립자와 광주 지혜학교 설립자 역할도 해보았다. 그동안의 인가 대안학교 경험과 비인가 대안학교 경험을 상호 비춰 보면 각각 다음과 같은 장·단점이 있다.

인가 대안학교는 교육 당국으로부터 법적·행정적·재정적 지원을 받을 수 있어 안정적으로 학교를 운영할 수 있고 공인된 졸업장 수여도 가능하다. 그러나 비인가 대안학교는 교육 당국으로부터 법적·행정적·재정적 지원을 받을 수 없어 항상 법적 시비에 휘말릴 위험성에 노출되어 있고 재정을 거의 전적으로 학부모가 부담하고 있어 경제적으로 아주 열악한 상황이다. 공인된 졸업장 수여도 불가능하다.

반면에 인가 대안학교는 교사 선발과 교육과정 채택 및 학사일정에서 제약을 받는다. 교사 자격증 소지자가 아니면 인가 학교에 근무할 기회가 거의 주어지지 않고, 학교 철학에 입각한 철저한 교육과정 편성과 학사일정 진행에서도 많은 한계가 있다. 그리고 학생 성적 평가를 위해 학생부 관리를 해야 한다. 인가 대안학교 교사들로부터 들려오는 이야기에 의하면 나이스(NEIS, 교육행정정보시스템) 체제가 도입된 이후에 학생들과 함께 어울릴 시간을 거의 컴퓨터 앞에서 보낸다고 한다. 거기에 반하여 비인가 대안학교는 교사 자격증 소지 여부와 상관없이 학교 철학에 입각한 교사 선발과 교육과정 편성, 학사일정 조정이 가능하다. 학생들을 교과 성적으로만 평가하지 않아도 되고 교사-학생 간에 폭넓은 교감을 할 수 있는 시간이 주어진다. 또한 학생들과 함께 다양한 교육실험을 할 수 있다. 다만 학생들이 검정고시를 치러야 한다는 점에서 심리적 부담감을 가질 수밖에 없다.

5. 비(미)인가 대안학교[54]가 갖는 의미

우리나라 대안학교 대부분은 비인가 혹은 미인가 상태로 운영되고 있다. '기후위기'와 '기계인간'까지 21세기가 요구하는 법과 제도 밖에서 참교육을 실천하고자 고군분투하는 현장이다. 비(미)인가 대안학교는 학교 구성원(학생, 학부모, 교사) 단위별로 의미가 큰 곳이다.

학생

먼저 학생들에게 대안학교는 네 가지의 의미를 가진다.

첫째, 동고동락할 수 있는 '벗을 만나는 곳'이다. 현대교육을 추동하고 있는 신자유주의 교육하에서, 학생들은 서로가 서로에게 치열

---

54) 대안학교를 지칭할 때 '비인가' 대안학교는 법령이 요구하는 학교 설립 요건을 갖추고 있음에도 불구하고 학교의 고유한 정체성을 지키기 위해 인가받는 것을 거부하는 학교를 지칭하는 용어이고, '미인가' 대안학교는 인가를 받고자 하나 학교 설립 요건을 갖추기 힘든 학교를 지칭하는 용어이다.

한 경쟁 상대가 된다. 그런데 대안학교에서는 학업성적으로 아이들을 평가하지 않고 아이들 각자의 흥미와 재능을 계발할 수 있도록 도우려 한다. 그러다 보니 대안학교에서는 학생들이 서로 경쟁자라 기보다는 평생을 함께 갈 벗들로 자리매김하게 된다. 대안학교에서 아이들은 정서적으로는 친구를, 이념적으로는 동지를, 지혜를 묻는 길에서는 도반을 만나고, 가끔은 서로의 삶을 함께하는 인생의 동반자를 만나기도 한다.

둘째, 믿고 따를 수 있는 선생을 만나는 곳이다. 대안학교는 아이들이 믿고 존경할 수 있는 선생을 만날 가능성이 큰 곳이기도 하다. 지금과 같은, 지식과 정보 전달 중심의 일반 학교 교육에서는 선생과 학생들 간에 인간적 교감이 제대로 이루어지기 쉽지 않다. 일반 학교 현장에서 교사는 학생들을 성적으로 평가해야 하고 학생들도 교사를 평가하는 것이 일반화되어 있는데, 그러한 상호평가 체제 속에서 교사와 학생 간에 깊은 신뢰를 쌓는다는 것은 만만치 않은 일이다. 물론 그런 교육적 상황에서도 교사와 학생 간에 인간적 교류 관계가 아예 없을 수는 없겠지만, 대안학교에서는 선생과 학생 간에 서로의 삶에 대한 이해도가 높아 깊은 인간관계를 맺는 것이 가능하다. 평생 교류할 선생을 만나 인생의 길을 묻고, '궁극'에 대한 질문을 하고, 상처 입어 힘들 때 기대며 살 수 있다는 것은 아이들에게 무엇보다 큰 행복일 것이다.

셋째, 평생 마음에 품고 살 수 있는 '고향 만들기'이다. 현대인들 대부분에게 물리적 공간으로서의 고향은 친숙함과 낯섦, 편안함과 불편함, 그리움과 회피, 다가섬과 물러섬 등의 양가감정을 갖게 한다. 급격한 문명의 전환과 거기에 따른 사회 변화가 과거의 경험과 현재 생활과의 간극을 넓혀 그러한 상황이 발생하는 것이다. 그런데 현대인들에게 더욱 비극적인 것은 그런 양가감정을 가질 만한 물리적 고향을 기억해 내는 것도 쉽지 않다는 점이다. 현대인들 대부분은 유랑민의 신세를 벗어나지 못한 채 살아가고 있다. 여기저기 떠돌며 살 수밖에 없는 생존의 조건에서 고향이라고 애착을 가질 만한 곳을 찾기가 어렵다. 그러나 대안학교는 아이들에게 고향으로 기억된다. 대안학교를 졸업하여 사회로 진출한 학생들도 역시 몸이 떠돌이인 것은 마찬가지지만 그들의 마음속에는 모교인 대안학교를 향한 그리움이 있다. 대안학교에서 진행되는 교육활동 전반적인 것이 구성원들 간에 상호 이해와 존중의 원칙 아래서 이루어져 아이들의 학교생활에 대한 만족도가 높기 때문이다. 그래서 대안학교 졸업생들에게 대안학교는 물리적으로나 정신적으로 늘 그립고, 가고 싶고, 편안하고, 친숙한 어머니 자궁과 같은 곳으로 기억된다.

마지막으로, 대안학교는 학생들 입지立志의 실마리를 찾는 곳이다. 공자는 "삼십에 이립三十而立"하였다고 말한다. 자아를 넘어克己 인仁을 바탕으로 자신과 이웃과 세계를 평화롭게 하는 쪽으로 삶의 방향을 설정하였다는 말이다. 10대의 어린 학생들이 그러한 단계에 진입하리라고 생각하기는 상상하기 어렵다. 그러나 우리 대안학교는 학생들에게 개별적 자아 형성과 사회적·생태적·평화적·공동체적 자아 형성의 중요성을 인식시키고 수용하도록 하여 건강한 방향으로 그런 것들을 키워갈 힘과 의지를 길러주고 싶어 한다. 학생 각자가 자신의 개성과 흥미와 적성에 맞게 '뜻을 세울立志' 수 있는 실마리를 발견하도록 돕고자 하는 것이다.

대안학교가 학생들 인성 형성에 끼치는 긍정적인 면도 많다. 먼저 대안학교는 학생들에게 '개방적 자세'를 갖게 한다. 대안학교는 타인과 세계 및 자신을 사실적·비판적·반성적으로 바라보는 교육을 하는 곳이다. 사실적·비판적·반성적으로 바라보는 교육에서 필요한 조건은 개방적 자세다. 열린 눈은 세계를 바르게 바라보는 첫 관문이다.

대안학교는 학생의 '자율성 신장'에도 관심을 기울인다. 집에서는 개구쟁이에다가 철부지이면서 책임감이 약하고 자기 일을 스스로 결정하지 못해 부모가 걱정을 많이 하는 아이들도 대안학교에 오면 자율적이면서 스스로 책임질 줄 아는 아이로 자란다. 처음 입학하는 아이들은 부모나 학교가 짜놓은 매뉴얼에 따라 움직이는 것이 생활화되어 있는데, 대안학교에서 그런 행위는 용납되지 않는다. 공동체 안에서 자신의 의사에 따라 행동 계획을 세우고 거기에 따라 움직이고 그 결과를 책임지는 것이 필수적으로 요구된다.

대안학교는 다양성을 매개로 한 '창의성 발달'을 촉진하는 곳이기도 하다. 대안학교는 정답을 가르쳐주는 곳이 아니라 스스로 자신의 정답을 찾아가야 한다는 것을 가르치는 곳이다. 또한, 지금의 정답이 다음에는 정답이 아닐 수 있다는 것도 배우는 곳이다. 수많은 경우의 수를 종횡으로 연결해보며 자신의 길을 가는 것이 인생이라는 것을 가르쳐 주는 곳이다. 그러한 다양한 경험들 속에서 아이들의 창의성이 자라난다.

대안학교가 가장 관심을 기울이는 영역이 '공동체성(관계성, 유기체성, 상호 의존성, 상의 상존적 자세) 확립'이다. 대부분의 대안학교 아이들은 수년간의 학교생활에서 학습과 식생활과 생활관 생활까지 함께한다. 본인이 원하든 원하지 않든 학생이 되면 공동생활은 필수적인 것이 된다. 타인과 함께 살아내는 일이 힘겹지만, 학생들이 몇 년 동안 서로 부대끼면서 견디다 보면 타인을 배려하는 것이 자신을 배려하는 것과 다르지 않음을 깨닫게 되어있다. 함께 사는 것이 체화된다.

학부모

대안학교 학부모들은 세 마리 토끼를 잡으려 한다.

우선, 학부모들은 자신의 아이들이 '행복한 학창시절'을 보내기를 바란다. 대안학교 학부모들은 아이의 삶이 어른이 되기 위한 준비 단계에 불과하다는 것을 거부한다. 아이들의 학창시절이 생활인으로서 준비 기간이라는 것을 부인하지는 않지만, 아이의 삶에는 그 자체로 고유한 내재적 가치도 있다고 본다. 이런 측면에서 보면 아이의 현재적 행복도 중요하게 된다. 우리나라 대안학교는 대부분 이 점에서는 학생이나 학부모의 기대를 저버리지 않고 있다.

또한, 학부모들은 '품격을 갖춘 인간교육'도 기대한다. 대안학교가 워낙 다양하다 보니 일반화해 말하기는 힘들지만, 정상적인 대안학교에 대한 학생과 학부모의 기대는 대안교육이 아이들을 훌륭한 인격체로 성숙시켜주기를 바란다는 점이다. 대안교육은 이 부분에서도 일정 정도 성공을 거두고 있다.

마지막으로, 학부모들은 아이들의 '사회적 경쟁력 확보'에 깊은 관심을 갖는다. 아이가 대안학교에 입학할 시점에서 학부모나 학생은, 드러내놓고 말은 하지 않지만, 아이들이 사회적 경쟁력을 가질 수 있는지 무척 궁금해한다. 사회적 경쟁력이라는 말은 다양한 종류의 의미를 갖는 말이지만, 한국적 현실에서는 주로 대학 진학을 일컫는 말일 가능성이 크다. 현실적으로 대안학교마다 이 부분에 대한 입장이 다르기 때문에 뭐라 일률적으로 말하기는 어렵다. 분명한 것은, 대부분의 대안학교는 시대와 문명의 건강성을 묻고 답을 찾고 응답해가는 사람을 양성하기 위해 설립된 것이지, 대학 진학에 매진하려고 설립된 것이 아니라는 것이다. 다만, 대안교육을 충실히 한 결과가 대학 진학이라는 것에 대해서는 부정적으로 보지 않는다.

교사

　대안학교는 교사들에게도 자아실현의 실습장이 된다. 대안학교는 교사가 자기의 교육사상을 형성하고 표현할 기회를 가질 수 있는 곳이다. 대안학교는 교사로 하여금 자신의 교육적 실천을 연구하여 글로 드러낼 수 있는 기회를 제공한다. 아놀드 토인비와 더불어 20세기에 각광을 받았던 『서구의 몰락』을 쓴 슈펭글러가 고등학교 선생이었듯이 자기 노력에 따라 교사는 말과 글, 그 외의 다양한 매체를 통해 자신이 하는 일을 표현해 갈 수 있다.

　아울러 대안학교는 교사에게 자신의 사상을 몸으로 체현해 낼 수 있는 장을 제공한다. 지식인으로서의 교사를 넘어 지성인으로 도약할 기회를 가질 수 있는 것이다. 머리로 습득한 것을 마음으로 새기고 몸으로 드러낼 수 있는, 그야말로 지행합일의 기회를 갖게 된다.

　또한, 대안학교 교사는 제자들과 만날 수 있다. 지식판매상으로서가 아닌, 제자와 인격적으로 교류하는 관계 형성이 가능하기 때문이다.

　마지막으로, 대안학교는 교사들에게 생을 함께 꾸려갈 동지를 만나는 곳이기도 하다. 한 사람의 꿈은 몽상에 그칠 수 있지만 여러 사람이 같이 꾸는 꿈은 역사를 일구는 힘이 된다. 대안학교 교사는 교사, 학생, 학부모를 아우르는 공동체를 지향할 기회를 갖게 된다.

부록 2

새로운 학교를 꿈꾸며

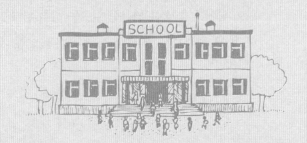

1. 푸른꿈고등학교 설립제안서: 새로운 학교를 꿈꾸며

김창수(서울중앙고등학교 교사)

우리는 '해방자이며 창조주인 하느님이 자신의 형상대로 인간을 창조했다'라는 인간 이해에서부터 새로운 학교를 시작하고자 한다. 이것은 인간이 근본적으로 하느님과의 관계 안에서 창조되었으며, '나와 너' 그리고 '나와 우리'의 관계로 창조되었다는 것을 수용하는 자리가 우리의 출발점이라는 뜻이다. 하느님의 형상대로 창조된 인간의 본성은 하느님과는 물론이고 사람들과 자연과 함께하는 삶을 지향하는 '공존의 인간성'이다. 따라서 우리는 인간은 본래적으로 '정의' '평화' '창조 질서의 보존'을 향한 해방의 실천성을 갖고 태어난다고 믿는다. 이런 '실천적인 공동체적 인간성'은 신과 인간, 나와 너, 개인과 사회, 인간과 자연을 통전시키는 생명줄이다.

그러나 인간은 신과의 관계를 부정함으로써 '공존의 인간성'을 파괴하였다. 인간은 자기중심적 삶을 주장하면서 신으로부터, 본질적인 자아로부터, 이웃으로부터 그리고 자연으로부터 자신을 스스로 소외시켜왔고 그것들과 적대관계를 형성해왔다. 그 결과 인간과 인간이, 남자와 여자가, 어른과 아이가, 인간과 자연이 억압과 착취의 관계로 자리매김 되었고, 폭력과 야만이 판치는 사회를 형성해왔다.

이제 우리는 그러한 관계의 파괴, 즉 '공존의 인간성'의 상실에서 오는 죽음의 문화로부터 해방을 꿈꾸어본다. 그러기 위해 우리는 우리 곁에서 중층적으로 왜곡되어 가련한 민중으로 전락한 우리 청소년들의 질곡에 주목하면서, 그러한 청소년들이 안식하는 가운데 자신과 타인과 그리고 자연과의 관계에서 본래적 인간성을 회복할 수 있는 공간으로 공동체적 학교를 꿈꾸어본다. 우리는 청소년들의 위기가 그들 자신에게서만 비롯되지 않고 사회 전체와도 관련이 있다는 생각을 근거로 공동체성의 회복을 위한 조그마한 장을 마련하고자 하는 것이다.

우리가 꿈꾸는 학교는 위기 가운데 놓인 청소년들과 함께하는 학교이다. 우리가 그러한 학교를 지향하면서 '왜 하필 일탈 학생들을 대상으로 하는 학교인가?'라는 질문에 직면하는데, 그 대답은 간단하다. '지금 우리 아이들이 극심한 고통 가운데 있기 때문이다'라고. 천민자본주의가 낳은 사회적 병폐의 일단이기도 한 '위기의 아이들'을 정화해 사회로 복귀시키는 것은 그 천민자본주의의 지속에 복무하는 일일 뿐이라는 질책에도 우리는 단호하게 '우리들의 아이들이 죽음 가운데 팽개쳐져 있다'라고 대답할 것이다.

그러나 우리는 새로운 학교를 통해 '위기의 청소년' 문제 모두를 해결하겠다는 돈키호테적 망상을 경계한다. '위기의 청소년' 문제의 궁극적 해결이 우리 모두의 바람이지만, 그것이 특정 집단에 의해서만 해결되리라는 독선은 또 다른 지배 문화의 소산일 뿐이다. 우리는 단지 우리들의 작은 몸짓이 우리가 직접 만날 아이들의 아픔을 같이 아파하는 것이기를 바라는 것이다. 성서는 "우는 자들과 함께 울고, 웃는 자와 함께 웃으라(롬 12:15)"라고 말한다. 진정한 치유는 모순의 봉합에서 오는 것이 아니라 상호 이해와 공감에서 시작된다. 이해와 공감은 상대를 감싸주고 수용하고 인정해주는 행위이며, 여기서 시작된 치유만이 진정한 치유의 시작일 것이다.

또한, 우리는 사람들과 '무엇이 아이들을 위기로 내모는가?' 하는 것과 '우리가 아이들의 건강한 삶을 위해 어떻게 해야 하는가?'를 같이 생각할 기회와 장을 갖고자 하는 것이다. 그러면서 같은 고민을 하는 사람들이 함께 마음을 모으고, 같은 실천을 하는 사람들이 힘을 합하여 우리 청소년들의 건강한 삶을 가능케 할 방법을 찾아보자는 것이다. 나아가 우리 사회의 건강성에 대한 진지한 고민을 함께하는 자리를 마련하자는 것이다.

현재의 학교 교육은 '학생과 학생' '교사와 학생' 간의 관계 맺음이 거의 불가능한 상황이다. 학생 상호 간의 경쟁은 공존이 아니라 투쟁을 요구하고 있고, 과도한 업무와 과밀학급은 교사가 아이들을 만나고자 하는 의욕을 포기하게 한다. 또한, 거대 학교는 교사들의 의지가 끼어들 자리를 애당초 박탈하고 있다. 이런 학교는 교사의 성취동기를 약화시킬 수밖에 없다. 따라서 우리는 작은 학교를 지향한다. 작은 학교는 교사와 학생, 학생과 학생 간의 관계를 전면적이게 하고, 그것만이 여러 요인으로 소외되어온 아이들의 삶에 자신들이 본래적으로 갖고 있던 '공존의 인간성'을 볼 수 있는 기회를 줄 수 있다고 믿기 때문이다.

'아버지는 똑똑한 자식을 더 사랑하고 어머니는 못난 자식, 병신 자식을 더 사랑한다'라는 말이 있다. 우리는 아이들에게 어머니이고자 한다. 어머니는 무한 그 자체이다. 어머니의 포용과 헌신과 용서와 사랑을 무어라 표현할 수 있을 것인가? 자식이 눈물 흘릴 때 왜 우는지도 모르면서 같이 우는 어머니, 자식이 기뻐하면 그저 천국이 따로 없는 어머니일 수 있다면 우리는 우리의 전 삶을 걸어도 후회가 남지 않으리라 확신한다. 그러나 우리는 맹목적인 모성의 함정을 늘 경계할 것이다.

우리는 아래에서 출발하는 학교를 그린다. 가정이 빈곤한 아이, 가정 불화로 시달리는 아이, 학교성적이 꼴찌인 아이, 동료들과 잘 어울리지 못하는 아이, 폭력의 피해로 괴로움을 당하는 아이 등 여러 가지 면에서 아래에 속한 아이들이 우리의 관심을 끄는 것은 그들이 소외되어 있다는 생각에서이다. 예수가 함께한 사람들이 주로 결핍에 처한 사람들이었다는 것이 우리의 근거이다. 우리는 결코 낮은 데를 향한 '예수적 당파성'을 포기하지 않을 것이다.

우리는 모두가 주인인 학교를 바라본다. 모두가 주인인 학교는 지금까지 아이들이 소외된 민중의 위치에서 자신의 삶의 중심으로의 이행을 가능케 할 것이다. 주인은 자신을 함부로 다루지도, 아무렇게

나 내팽개치지도 않는다. 망가진 아이들의 치유는 그 아이들이 자신의 삶에 바른 애착을 가질 때 가능한 것이다. 자신을 사랑할 줄 아는 사람, 그래서 타인과 세계와 자연을 사랑할 줄 아는 사람이 되는 길은 아이들이 스스로 삶의 주인이 되는 것이다.

그런데 모두가 주인인 학교가 가능할 수 있으려면 무엇보다도 먼저 경제적 자립이 되어야 한다. '위기의 아이들'의 치유는 교사들의 헌신에서 온다. 그러나 교사도 자기 욕구를 가진 존재이므로 맹목적 헌신이나 끝없는 헌신의 요구는 교사를 지치게 하고 자칫 교사의 수고를 헛되게 할 수가 있다. 아이들이 경제적 요인으로 인하여 위기에 처하는 경우에도 공동체가 스스로 그 아이를 감당하는 것이 좋을 것이다. 농장의 경영이나 여타의 방법으로 공동체의 경제적 자립도를 연차적 목표를 세워 높여가야 한다.

우리는 민주적 학교를 지향한다. 모두가 주인인 학교는 학교의 의사 결정과 그것의 실천이 민주적이어야 한다. 우리는 목적이 선하다고 그 수단을 정당화시키는 일을 가급적 피하고자 한다. "평화를 이루는 길은 평화일 수밖에 없다"라는 간디의 말을 '민주를 이루는 길은 민주밖에 없다'라는 말로 바꿔, 왜 민주적이어야 하는가에 대한 진술을 대신한다.

아이들을 위기로 내모는 가장 직접적인 요인 중의 하나가 폭력이다. 우리는 가정과 사회 그리고 국가, 학교 등에서 벌어지는 폭력이 아이들을 위기로 치닫게 한다고 믿는다. 우리는 물리적인 폭력은 말할 것도 없고, 정신적인 폭력(무시, 편견, 편애, 소외, 비교 등), 언어폭력 등을 전적으로 배제한다. 물론 합법적 폭력과 비합법적 폭력, 반합법적 폭력 등에 대한 무조건적 배격을 말하는 것은 아니다. 교육적 측면에서 고려될 수 있는, 교육이라는 명분으로 자행되는 모든 폭력에 관하여 우리가 비폭력을 주장하는 것이다. 일반 학교에서는 교육적 고려가 충분히 이루어진 체벌(폭력)의 문제는 우리 고려의 대상이 아니다. 우리가 만나고자 하는 아이들이 온갖 폭력의 소산이라면 아이들의 위기의 해결은 비폭력이어야 하지 않겠는가?

우리는 반지성주의나 반문명주의를 꿈꾸는 것이 아니다. '한글'이나 '사칙연산'은 학습의 기본 지식이다. 우리는 '한글'이나 '사칙연산' 같은, 아이들이 꼭 알아야만 하는 것을 알게 하는 것을 거부하지 않는다. 지식교육은 사회적 존재로서 아이들을 위치시키는 데 필요한 것이다. 다만 우리가 비판적으로 고려하는 것은, 사람은 그 모습이 다르듯 그 성격이나 개성, 흥미나 재능이 다르다는 것을 인정하자는 것이다. 우리가 하고자 하는 학교는 지식 위주의 단선적 평가가 결과한 '위기의 아이들'과 함께하는 학교이다. 따라서 우리는 아이들의 다양한 능력을 인정하고 그 능력을 키워갈 기회를 각자에게 제공하고자 한다. 아이들이 자신에게 존재하는 능력을 스스로 발전시킬 수 있게 하자.

우리는 성차별이 없는 학교를 지향한다. 가부장적 문화를 체화해 온 우리 문화적 풍토에서 남녀평등을 지향하고 실천하기는 쉽지 않을 것이다. 실제로 이 땅에서 모든 남자는 적어도 여자에게만은 지배자일 수 있다. '위기에 처한 아이들'이 여러 가지의 억압으로 인해 고통 가운데 있는데, 그 아이들 가운데서도 남녀의 차별이 엄연히 존재하는 것이 아이들의 현실이다. 같은 위기에 처한 남자아이들이 생물학적 구분을 기준으로 여자아이들을 차별한다면 새로운 학교도 역시 '올바른 관계 맺음'과는 거리가 멀 수밖에 없다. 우리는 제반 사항에서 남녀평등의 실천을 통해 공존의 인간성 회복을 꿈꾸어본다.

우리는 평등한 학교를 만들어가고 싶다. 우리가 바라는 것은 개인의 권위가 전체를 지탱하거나 압도하는 것이 아니라 공동체 자체가 건강한 권위를 가진 인격으로 자리매김 되는 것이다. 그러나 우리의 평등은 교사와 교사가, 교사와 학생이, 학생과 학생이 모든 면에서 같아야 한다는 천박한 기계적 평등을 의미하는 것은 아니다. 우리는 인위적인 권위나 인위적인 구분을 가급적 피하고자 할 것이다. 그러나 자연스럽게 형성되는 우리 모두의 역할을 기계적으로 구분하는 것을 평등이라 말하지는 않을 것이다. 우리의 평등은 상호 공존적 인간성 회복을 위한 공동체적 이해와 헌신을 바탕으로 하는 평등이며 역할의 수행이나 분배의 면에서도 그렇다(식구에 따라 분배한다). 우리는 학생들 간에도 억압구조가 엄연히 존재하는 현실을 직시한다. 동료 학생들 간에, 고학년 학생과 저학년 학생들 간에 억압구조가 자리해서는 안 된다고 믿는다.

우리는 지역과 함께 갈 것이다. 우리가 하고자 하는 일이 '공동체적 인간성'의 회복이라면 당연히 학교와 지역은 대립이나 적대의 관계가 아니고 이 시대의 문제를 함께 고민하고 같이 풀어가야 할 동반자 관계임은 자명한 사실이다. 지역을 소외시키거나 지역으로부터 소외당하는 것은 또 다른 파행의 시작일 뿐이다. 우리는 '삶의 질'을 외치며 농촌을 점령해가는 도시의 혜택 받은 지식인이기를 거부한다. 우리는 지역에 들어가는 과정에서나 지역에 들어간 후에도 지역의 문제가 우리의 문제임을 인식하고, 결코 공격적이거나 폐쇄적인 입장을 갖지 않을 것이며, 그래서도 안 된다는 사실을 잘 알고 있다. 우리가 지역과 연대할 사업은 유기농이라든지 혹은 소득 증대를 위한 공동보조일 것이다. 또한, 공동육아나 방과 후 프로그램도 지역과 함께할 수 있는 좋은 거리일 것이다.

우리는 자연과 인간이 적대관계가 아니라 상호공속적 관계임을 간접적으로 밝혔다. 우리가 늘 경험한 바, 우리가 자연을 해칠 때 자연도 우리를 해친다. 골프장이다 스키장이다 하며 산을 파헤치니 산은 산사태로 인간에게 대반격을 시도하고, 삶의 질의 개선을 외치며 개발을 가속하니 결국은 인간이 살 수 없는 지구가 우리 앞에 와 있지 않은가? 인간은 누구나 자연과의 관계에서 표피적 억압자일 수 있다. 그러나 그 억압자가 자연을 억압할 때 자연은 인간과 더불어 공멸을 택하는 것이 자연의 법칙이다. 위기의 아이들이 자연과 바른 관계를 맺는 것이 우리가 바라는 학교의 지향에 부합되는 것이다.

이제 우리는 위에서 언급한 '새로운 학교를 꿈꾸며'의 발제를 토대로, 우리가 꾸리고자 하는 학교의 전체적 틀을 그려 보는 것으로 결론을 대신하고자 한다. 우리는 먼저 학교에 주력할 것이다. 우리가 갖는 일차적 관심이 '위기 가운데의 아이들'이고, 그들이 쉴 학교를 꾸리는 것이다. 학교가 진행되는 과정에서 우리는 이웃인 지역과의 관계 맺음을 위해 '공동육아'나 '방과 후 프로그램'에 관심을 표명할 것이다. 또한, 지역의 문화공간을 넓히는 데도 관심을 가질 것이고 아울러 지역에 문화센터를 개설하고 학교 밖의 아이들과 지역에서 지속적으로 만날 자리를 가질 것이다. 그것과 아울러 유기농이나 농촌 문제를 매개로 지역주민들과 관계를 풀어갈 것이다.

또한, 조심스럽게 학교 공동체를 공동체 마을로 이행, 확장해 가는 일도 가능하다면 고려할 것이다. 물론 이 문제는 학교 공동체가 충분한 이해와 공감을 할 수 있을 경우에 가능하며, 우리의 일차적 관심인 학교 교육에 파행이 올 수 있다면 그 지향을 절대로 서두르지 않을 것이다. 또한, 교사나 학교 관계자 및 여러 구성원의 동의나 합의가 전제되지 않고는 섣불리 시도하지 않을 것이다.

(1996. 12. 11. 푸른꿈학교 설립토론회 자료)

2. 한빛고등학교 교장 취임사: '생명문화공동체' 교육

김창수(한빛고등학교 교장)

21세기 우리 삶의 궁극적인 관심은 생명이어야 한다. 인간의 본성과 현대문명에 내재한 반생명적인 경향으로 인간과 지구의 생명체는 공도동망共倒同亡의 지경에 이르게 되었다. 이러한 생명 위기의 시대에 생명은 그 누구의 것이든 그 어떤 존재의 것이든 그 자체로서 소중한 것이며 가치 있는 것으로 평가되어야 한다.

하느님의 역사 경륜의 핵심도 생명에 있다. 성서 첫머리에 있는 설화가 생명 창조의 이야기요, 마지막이 생명의 완성을 그려 보는 새 예루살렘 이야기로 끝나는 것도 성서의 핵심적 관심이 생명이라는 것을 말해준다. 예수도 양들이 생명을 얻고 풍성하게 하려고 자신이 왔다고 말하고 있다.

'생명문화공동체' 교육은 생명이 우선적 가치라는 전제 아래에서 행해지는 의도적이고 자각적이고 계획적인 교육활동이다. 생명의 가치가 그 사회의 정치, 경제, 사회, 문화 등 각 분야의 원리이면서 그러한 사회적 토대에서 생명의 가치가 국가와 세계 그리고 온 생명계를 움직이는 작동원리로 자리매김하게 하는 인위적이고 의도적인 재사회화 과정을 우리는 교육으로 보아야 한다.

생명체가 잉태되고 나서 자라고 살고 죽고, 죽어 다시 다른 생명체의 요소로 순환하는 일체의 운동은 하느님이 정하신 자연 운동이다. 이런 의미에서 볼 때 생명은 자연적인 '죽음'에 맞서지 않는다. 생명은 자연적인 '죽음'이 아니라 인위적인 '죽임'과 맞선다.

'생명문화공동체' 교육은 학생들에게 자연적인 생명현상을 가르치고 수용케 하며 나아가 자연적인 생명의 원칙을 위협하고 파괴하는 것들이 무엇인지 확인하고, 그것들에 맞서 세계와 인간과 생명체들이 자연적인 생명현상으로 복귀하는 길이 무엇인지와 그러한 복귀 운동에 참여할 수 있도록 돕는 행위이다.

우리는 '생명문화공동체' 교육이 본교의 교육이념과 교육목표에 적합한 것이라고 믿는다. 세계와 생명을 창조하신 하느님, 세계와 생명의 근원이신 하느님을 사랑하고, 그분의 피조물로서 하느님의 창조행위를 끊임없이 계시하는 자연을 사랑하고, 나아가 하느님의 창조행위의 의미를 반추하면서 자연과 올바른 관계를 맺고자 하는 인간을 사랑하는 것이야말로 21세기 본교의 교훈으로서 적합한 것이라 믿는다.

이제 우리는 하나 됨으로 큰 빛을 이루는 '한빛'으로 모였다. 생명의 가치를 온 누리에 발하는 '한빛'이 되고자 함께 모였다. 여기서 우리는 '생명문화공동체' 교육을 우리의 사명으로 알고 혼신의 힘을 다할 것이다.

'생명문화공동체' 교육은 본교의 교육이념으로서는 단일한 개념이다. 그런데 '생명문화공동체' 교육을 구현해 가는 교육이념의 영역은 다양하다(7가지).

① '생명문화공동체' 교육은 먼저 '정의와 평화' 교육이다.

'생명문화공동체' 교육은 불의하고 반생명적인 현상과 실체에 맞서 생명을 살리고 평화를 정착시키는 교육이다. 인류의 반생명적인 문화와 문명, 사회적인 억압과 분단, 기만과 세뇌, 조작, 증오, 성차별, 약탈과 착취, 식민과 세대 간 착취, 전쟁, 환경파괴, 생태계의 약탈 등 전반적인 생명파괴와 부정의가 절정에 달한 오늘날, 그러한 '죽임'에 맞서 정의와 평화를 정착시키는 것이 곧 자연생명의 질서를 회복하는 것이다. 평화의 실현은 현실의 질서를 무조건 유지하는 데에 있는 것이 아니다. 평화를 파괴하는 요인을 제거할 때, 또 정의가 실현될 때만이 진정한 평화가 가능하다. 따라서 우리는 학생들에게 '평화와 인권' 교육을 하고자 한다.

② '생명문화공동체' 교육은 '생태' 교육이다.

정치적으로는 근대 이후, 경제적으로는 자본주의의 출현과 산업혁명 이후 인간은 신의 창조 세계를 인간의 창조 세계로 바꾸는 데 매진해 왔다. 그러나 인간이 창조주의 자리를 대체하여 가꾸어 온 현대문명은 바벨로 드러나고 있고, 인간과 지구 생명체는 '죽임'의 위기에 직면하게 되었다. 그런데 인류는 이러한 전 지구적 생명의 위기 앞에서 이의 해결을 위한 방안을 2가지 방법으로 모색하고 있다. 그 하나는 인류와 온 생명체에 위기를 가져다준 바로 그 과학기술로 지구 생명체의 위기를 벗어나려는 기술공학적인 방법이다. 다른 하나는 인간 중심주의에서 벗어나 신의 창조 세계의 질서를 회복하려는 것으로, 생명계의 유기체적 사고를 바탕으로 하고 있다. 이것은 인간과 자연을 생명의 유기체적 존재로 인식하는 생태학적인 교육이다. 본교는 이러한 입장에서 생태위기 시대의 '생명문화공동체' 교육이념을 추구한다. 이것을 뒷받침하기 위해서 우리는 '생태학' 공부를 할 것이다.

③ '생명문화공동체' 교육은 '밀알노동' 교육이다.

살아있는 생명체는 모두 존재를 위한 노동을 한다. 자신의 노동의 결과로 자신만 존재하든, 자신의 노동의 결과를 타 존재와 공유하든, 아니면 타 존재의 노동의 결과에 의지하거나 약취하든 그러한 모든 것이 노동인 것이다. '생명문화공동체' 교육은 각자가 자신의 노동으로 자신의 존재를 유지함은 물론 자신의 노동을 타인과 교류하는 교육을 지향한다. 나아가 자신을 썩힘으로 많은 생명으로 부활하는 '밀알노동' 교육을 지향한다.

④ '생명문화공동체' 교육은 고도기술 시대의 '생명존중' 교육이다.

21세기를 흔히 '생명'의 시대라고들 한다. 한편에서는 '생명산업'이니 '생명공학'이니 하면서 생명을 상품화하는 데 관심을 집중하고 있고, 다른 한편에서는 생명의 가치를 대상화하는 데 반대하면서 자연적 생명의 가치 그 자체를 소중하게 여기고 있다. 20세기 과학기술의 발달과 20세기 말 분자생물학의 발달은 이제 드디어 바이오테크 시대를 결과할 지경에 이르렀다. 물론 유전자조작 기술의 발달이 인류와 생명체에게 일방적으로 위해한 것만은 아니다. 그러나 우리가 주목하는 것은 단순한 치료나 개량을 넘어 생명을 조작하고 가공하는 행위는 신의 창조 질서에 대한 극명한 도전으로서, 그것은 결국 인류와 생명체들을 예측할 수 없는 혼란과 고통 속으로 유인할 수 있다는 점이다. 이러한 생명공학과 고도기술이 결합하여 맹위를 떨칠 21세기 사회에서 자연적 생명질서를 지키고 회복시키는 운동을 교육하는 것이 '생명문화공동체' 교육이다.

⑤ '생명문화공동체' 교육은 '공동체' 교육이다.

근대는 분석적이며 실증적인 사고를 존중하는 사회이다. 개체로서 생명체도 하나의 유기체이다. 또한, 집단 안에서 개체도 별개의 개체로서만 존재할 수 없다. 그런데 근대 서구 문명은 개체로서의 생명체나 집단 안에서의 생명체를 요소로 환원하는 우를 범하여 왔다. 근대는 인간의 신체를 인간의 여러 장부와 뼈, 피 등으로 구성되었다고 보았다. 그리고 그것 중 어떤 것에 이상이 생기면 그것만 교체하면 된다는 식의 사고 아래 신체 각 부위를 하나의 부품으로 보았다. 사회 속에서 인간도 마찬가지로 사회를 구성하는 하나의 부품에 지나지 않다고 보고, 각 생명체도 같은 시각으로 보아왔다.

그러나 한 개인의 경우만 보더라도 개인의 신체 장부들의 단순한 조립품이 아니라 상호 유기적인 관계 속에서 그 생명을 유지할 수 있다. 사회 속의 개인이나 군집 속의 각 생명체도 마찬가지다. 요소로 환원할 수 없는 상호 관련성 속에서라야 비로소 개체나 사회 그리고 세계의 우주 생명체가 존재할 수 있다. 우리는 이러한 인식을 토대로 세계는 상호 연관되어 있고, 그 연관의 질서 속에서 자연스러운 생명 활동이 가능하다고 본다. 좀 더 적극적으로, 우선적으로 세계의 연관성을 추구하는 교육, 그것이 바로 '공동체' 교육이며 '생명문화공동체' 교육인 것이다. '공동체 교육'은 세계의 연관성을 인식의 출발로 하여 발전적으로는 인류의 역사 속에 나타난 공동체 운동이나 우리가 살고 있는 시대에 시도되고 있는 공동체적 삶의 유형들을 찾아보고 그것을 교육의 영역에서 학생들에게 고민해 보도록 하는 교육이다.

⑥ '생명문화공동체' 교육은 인간의 '자기성찰' 교육이다.

인간의 내면세계에 엄존하는 죄와 죽임의 지배로부터의 해방과 인간의 외적인 사회적 삶 속에 엄존하는 죄와 죽임으로부터의 해방의 동시적 촉구를 토대로 '생명문화공동체'가 가능하다. 우리는 그동안 거의 외부 세계의 외적인 가치나 질서에 의한 생명파괴와 죽임의 현상을 보고 문제 제기를 해왔다. 그러나 생명 위기의 시대에 겸허한 우리의 고백은 우리 자신이나 우리의 조직, 우리의 집단에 왜곡된 가치와 반생명적 의식이 자리하고 있다는 것이다. 불의한 사회구조나 경제체제, 정치질서의 개혁과 더불어 인간 내면의 참된 해방의 중요성을 각성하고 고무하는 것이 필요하다. 반평화, 부정의, 반생명 등 온갖 '죽임'의 원인을 '내 탓이오'에서 우선 찾아야 한다. 연후에 반성적이지 않은 문명과 역사에서 원인을 찾는 것이 중요하다.

⑦ '생명문화공동체' 교육은 '영성' 교육이다.

생명이 하느님으로부터 비롯되었고 하느님이 생명을 구원하는 분이라면 신과의 지속적인 교감이야말로 '생명문화공동체' 교육의 이념일 수밖에 없다.

신과의 교감은 인간의 자기 비움을 매개로 신과의 소통 영역을 넓히는 데서 시작한다. 근대 자본주의 문화의 악마성은 욕망의 창출에 자리한다. 더 많이 가지라고, 더 많이 사용하라고, 더 많은 지식으로 채우라고, 더 큰 권력을 지향하라고, 근대 문명은 인간을 끊임없이 부추긴다. 그러나 그것의 결과는 영원한 목마름이요, 생명의 위기이다. 자신 속에 있는 하느님을 보면서 끊임없이 솟아오르는 기쁨을 체험하며 살 수 있도록 돕는 교육이 바로 '영성' 교육이며 '생명문화공동체' 교육이다.

이상의 '생명문화공동체' 교육을 통해 한빛고등학교는 '참사람'을 기르고자 한다. '참사람'은 자립적이며 자족적인 사람, 상생적인 사람, 나아가 공의로운 사람이다. 이러한 것들은 민족사적으로 볼 때 동학으로부터 5·18에 이르기까지 우리 역사에 면면히 흐르는 '생명공동체' 지향의 존중을 계승하는 것이며, 성서적으로 볼 때도 하느님의 창조 질서를 회복하는 것이다.

살아있는 모든 존재는 남의 살을 먹어야 한다. 우리는 '생명문화공동체' 교육을 통해서 그러한 사실 확인 속에서 존재의 '죄 됨'과 존재의 '기쁨'을 동시적으로 볼 수 있는 교육을 하고자 한다. 존재의 '죄 됨' 의식은 삶의 겸허함으로 각성되어 결국 생명의 지킴이로서 자신을 규정하게 될 자기의식으로 발전되어야 한다. 존재의 '기쁨'은 감사함으로 각성되어 '생명문화공동체'를 이루어내려는, 보다 적극적인 실천 운동으로 외화되어야 한다.

맡은 자의 구할 것은 충성이다. 우리는 교육의 자리에 서 있고, 여기서 동지들과 아이들을 만나고 있다. 인문계 특성화 고등학교로서, 우리 한빛고등학교가 맡은 '생명문화공동체'를 이루기 위한 교육운동은 이 나라 인문계고등학교의 대안교육의 역할일 뿐만 아니라 21세기 인류가 가져야 할 최선의 가치를 교육하는 일일 것이다.

(2000.3.)

3. 녹색대학교 창립선언문

녹색대학교 창립위원회

오늘 인류는 새로운 희망을 꿈꾸고 있지만, 절망의 그림자가 오히려 세상을 짙게 드리우고 있습니다. 한마디로 인간은 인간답게 자연은 자연답게 살지 못하고 있습니다. 우리는 이제 인간과 인간 그리고 인간과 자연 사이의 관계를 다시 정립해야 합니다. 잃어버린 녹색 정서를 되찾아 녹색 문명에서 깨어나야 하며, 생태계로부터 일탈하여 살아온 삶을 생태적 삶으로 복귀시켜야 합니다. 인간 자신의 무지와 전횡으로 말미암은 모든 생태적, 사회적, 문화적 그리고 이념적 단절과 속박에서 벗어나야만 합니다.

이는 바로 막다른 길로 치닫고 있는 현대문명을 지속 가능한 녹색문명으로 전환하는 일이며, 그렇게 하기 위해서는 당연히 지금까지 지성의 산실임을 자부해 온 대학이 나서지 않을 수 없습니다. 그러나 오늘의 대학들은 안타깝게도 이러한 당위적 사명에 부응하지 못하고 있습니다. 이미 잘못 가고 있는 문명의 틀에 동승하여 이를 오히려 더 잘 굴러가게 하는 기능만을 수행하고 있는 경우가 대부분입니다.

이에 우리는 새로운 대안 문명 대학인 녹색대학교의 창립을 선언합니다.

우리가 함께 새로 만드는 녹색대학교는 첫째, 기존 문명의 틀에서 벗어나 새 문명의 가능성을 모색하고 아울러 새 삶의 양식을 찾고자 합니다. 무엇보다 생태적으로 조화를 이루면서도 그 안에서 인간다운 삶을 살아갈 수 있는 방법을 이론으로 연구할 뿐만 아니라 실제로도 구현해 내고자 합니다. 둘째, 녹색대학교는 대학 교육 본연의 모습으로 되돌아가고자 합니다. 기존의 모든 정형화한 제도와 교육 방식에서 과감하게 탈피하여 대학 차원의 대안교육이 어떠해야 하는지 그 전형을 보여주고자 합니다. 그리하여 우리는 온 누리의 모든 존재가 상생의 관계에 있음을 이윽고 깨닫는 큰 배움의 장을 활짝 열고자 합니다.

이제 대담한 용기와 상상력 그리고 굳은 신념이 필요한 때입니다. 물밀듯 밀려오는 새 생명 패러다임의 물결, 그 선두에 녹색대학교가 서 있습니다. 무엇보다 먼저 녹색대학교가 옴살스런 새 생명공동체의 건설에 길라잡이가 되어야 할 것입니다. 이른바 '침묵의 봄'으로부터 만물이 소생하는 '생명의 봄' 그 봄 밭을 일구는 것이 바로 녹색대학교의 나아갈 길이요, 또한 이 세상에 이바지할 녹색대학교의 역할이기 때문입니다.

물론 이러한 뜻과 포부들이 한꺼번에 다 이루어지리라고는 생각하지 않습니다. 그저 파인 곳은 메우고 막힌 곳은 뚫어 가면서 대안 문명의 줄기가 이 세상의 흐린 물을 조금씩 맑게 하기를 희망합니다. 산적한 문제를 한꺼번에 모두 해결할 수 있는 큰 연장은 아니지만, 큰 연장을 바로 고치고 만드는 데 쓰이는 작은 연장은 될 수 있을 것이라고 확신합니다.

무릇 온 누리와 사람에 대한 섬김과 모심으로 장엄莊嚴한 작은 대학 하나가, 불모의 땅에 꽃씨 하나 묻는 심정으로, 조용히 그러나 힘차게 이렇게 태어납니다. 녹색대학교! 몸을 부르르 떠는 사명감으로 그 창립의 기치를 오늘 여기 높이 듭니다.

(2003. 3. 1. 대표집필 한면희)

4. 지혜학교 설립제안서[55]

김창수(지혜학교 설립추진위원장)

뜨거운 마음을 가진 우리

예부터 우리나라 사람들은 일하거나 놀 때, 공부를 하거나 심지어 부당한 일에 맞서 싸움을 할 때도 '신명'을 밑자락에 깔았습니다. '신바람'이 났다 하면 시간 가는 줄도 모르고 자신의 능력을 다 쏟아부어 어떤 일을 하였습니다.

그런데 '신바람'은 주로 가슴에서 시작되어 행동으로 드러납니다. '신바람'에서는 생각보다는 마음이 더 중요합니다. 마음이 통하면 불가능하게 보이던 일도 쉽게 이루어낼 수 있고, 마음이 통하면 간, 쓸개 다 빼주는 것이 우리 민족의 특질입니다. '신명'은 앞으로도 우리가 계승해야 할 바람직한 특성이라고 생각합니다.

지식의 필요성

그런데 세상을 살아가다 보면 '뜨거운 가슴(신바람)'만 필요한 것이

---

55) 김창수, 『지혜를 찾는 교육』, 2013.

아니라 사실에 대한 정확한 '지식'과 '맑은 머리(지혜)'도 필요합니다. 우리는 순간순간 어떤 판단을 해야만 하고, 그 판단에 따른 행위를 결정하고, 그 결정에 따라 실천을 해야만 합니다. 그런데 판단이 틀리면 바른 결정을 할 수 없고, 바르지 못한 결정은 부적절한 행위를 낳을 수밖에 없습니다. 그래서 사실에 대한 정확한 지식 습득은 교육활동에서 중요한 목표입니다.

자신에 대해 잘 모르는 삶

그런데 객관적 사실에 대해 안다고 해서 인간이 행복해지는 것은 아닙니다. 객관적 사실을 사실 그대로 아는 것은 인간이 행복해지는 데 있어서 필요하긴 하지만 그것만 가지고는 우리가 온전한 행복을 확보할 수 없습니다. 세상에 대해서 모든 것을 다 안다고 해도 정작 자신의 마음 하나 제대로 모르면 행복해지기 어렵습니다. 우리가 행복해지기 위해서는 세상에 대해서, 다른 존재에 대해서 잘 아는 것도 중요하지만, 자신에 대해서 잘 아는 것이 더욱 중요합니다. 지금 당장이라도 조금만 생각해보면 우리 자신에 대해 별로 아는 것이 없다는 것을 금방 알아차릴 수 있을 것입니다.

지혜로운 삶

　인간은 누구나 행복하게 살고 싶어 합니다. 그러나 대부분의 사람들은 자신이 행복하다고 느끼지 않습니다. 우리가 행복을 그토록 바라는데 우리는 왜 자신이 불행하다고 생각할까요? 그것은 각자가 자기 자신에 대해 잘 알지 못하고, 다른 사람과 소통하는 것에 서툴며, 이웃과 더불어 살아가는 방법을 잘 모르기 때문입니다. 또한, 아무리 채워도 채워지지 않는 인위적으로 가공된 욕망을 맹목적으로 추구하기 때문이기도 하며, 세계 그 자체와 세계의 근원에 대해 잘 모르며, 자신의 존재 의미에 대해 묻지 않고 살아가기 때문입니다.

　그러면 어떻게 하면 우리가 행복하다고 느끼고 생각하며 살 수 있을까요?

　우리의 현실적인 고통이 자기 자신, 다른 사람, 공동체, 세계에 대한 무지에서 기인한 것이라 한다면, 우리가 행복을 확충할 수 있는 길은 인간의 무지를 타파하고 인간 각자가, 온 인류가, 지혜로 거듭나는 길일 것입니다.

지혜로운 사람이란?

　지혜로운 사람이란 첫째, 자기 자신에 대해서 잘 아는 사람입니다. 자기 자신에 대해서 안다는 것은 자신의 몸 자체를 아는 것이고, 자신의 오감을 통해 수용되는 감각과 감수성을 아는 것이며, 자신의 마음과 생각에 대해서 아는 것입니다. 교육은 아이들이 어려서부터 자기 몸, 느낌, 마음, 생각, 자기 정체성을 알아 가는 과정에서 출발해야 합니다.

둘째, 지혜로운 사람이란 타인과 바르게 소통할 줄 아는 사람입니다. 다른 사람과 잘 소통하려면 먼저 다른 사람의 말을 주의 깊게, 사실대로 듣는 자세가 필요합니다. 그러기 위해서는 소통 이전에 자신의 마음 상태를 늘 고요하게 유지할 수 있어야 합니다. 그래야 타인의 말을 경청할 수 있습니다. 또한, 다른 사람의 행동을 사실 그대로 볼 수 있게 됩니다. 다른 사람과 잘 소통하기 위해서는 말에 대한 교육이 필요합니다. 우리가 쓰는 말은 각자의 경험을 기반으로 하는 말입니다. 그런데 각자는 경험이 서로 달라서 같은 단어나 같은 문장을 사용하더라도 그 의미에 있어서 동일성을 확보하기가 참 어렵습니다. 그래서 같은 말을 하면서도 그 말이 서로 다른 내용을 지시하는 경우가 허다합니다. 자신의 말, 상대의 말 그리고 각자의 말이 교류되었을 때의 말이 가져다주는 혼란이 오해와 상호불신, 나아가 대립과 투쟁의 요인이 되는 경우가 허다합니다. 따라서 정확한 말의 사용이 필요하고, 정확한 언어의 사용은 우리 삶의 혼란을 상당 부분 해소해 줄 것입니다.

셋째, 지혜로운 사람이란 더불어 살 줄 아는 사람입니다. 인간은 사회적 동물입니다. 홀로 존재할 수 없습니다. 특히 현대인들은 지구촌이라고 불리는 넓은 세계와 관계를 맺고 살아가고 있습니다.

그런 인간이 홀로 사는 것처럼 생각하고 말하고 행위할 수 없습니다. 자신만 행복해서는 우리는 결코 행복할 수 없습니다. 그것은 우리의 삶이 수많은 관계의 그물망으로 형성되어 있기 때문입니다. 나의 행복은 이웃의 행복과 관련되어 규정됩니다. 따라서 아이들에게 자신이 속한 작은 공동체부터 온 인류 공동체까지 어떻게 더불어 살아가야 할 것인지를 스스로 생각하게 하고 안내하는 교육이 필요합니다.

넷째, 지혜로운 사람이란 인간은 물론이고 생명 있는 모든 것들과 생명이 없는 것들까지도 알고 바르게 관계를 맺는 생태적 삶을 익히고 실천하는 사람입니다. 따라서 인간과 자연이 호혜적 관계를 맺는 이유와 방법을 알고 익히고 호혜적 실천을 체화하는 교육이 필요합니다.

다섯째, 지혜로운 사람이란 '삶의 예술성'을 자각하고 펼칠 줄 아는 사람입니다. 예술 활동은 '자신과 세계가 그 스스로 아름답다'라는 것을 의식해가는 과정이며, 그것을 각자의 삶의 양식에 따라 표현하는 활동입니다. 직접적 예술 활동을 통해 자신의 내면세계를 드러내는 것도 아름다운 일입니다만, 정의와 진리가 함께 어우러져 꽃을 피우고 열매를 맺는 것이야말로 삶으로 드러나는 아름다움의 극치일 것입니다. '삶의 예술성'을 자각하고 펼칠 수 있도록 돕는 교육이 필요합니다.

마지막으로 지혜로운 사람이란 삶의 궁극적 의미를 묻고 찾는 사람입니다. 삶은 자신이 누구인지, 자신의 존재 의미가 무엇인지, 자신이 세계와 어떤 연관성이 있는지를 묻고 찾아가는 여정입니다. 현대인들 삶의 가장 큰 비극은 자기 자신에 대해서 모르고 묻지 않고 사는 데서 기인합니다. 지혜로운 사람은 무엇을 하고 살 것인가, 어떻게 살 것인가를 묻는 것도 배제하지 않습니다만, 자신이 누구인지를 끊임없이 묻습니다. 우리는 현대교육이 배제해버린 삶의 궁극적 의미를 묻고 찾아가는 교육이야말로 우리 시대를 구원할 교육이라고 믿습니다.

현실적으로 우리가 할 수 있는 지혜교육은 무엇일까요?

우리는 철학을 기반으로 하는 대안교육을 통해서 지혜로운 삶, 생태적인 삶이란 무엇이며 그것에 이르는 길이 어떤 것인지를 모색해보고자 합니다. 철학적 사색과 명상을 통해 자신의 내면 깊은 곳에서 빛을 발견하고 그것을 현실적인 삶으로 이끌어내 영성적·생태적 문명을 구축하는 에너지로 활용하고자 합니다.

그러기 위해서 우리는 동서고금의 영원의 철학과 생성의 철학, 사회철학과 과학철학, 문화와 예술철학 등에 대한 기본적 이해를 통해 우리 문명의 열린 세계로의 가능성을 모색하고자 하며, '철학하기' 교육을 통해 인간의 존재 의미 물음에 대한 체계적 접근을 돕고자 합니다. 그러면서 동시에 철학적 사유가 빠지기 쉬운 관념성과 분석적 합리성의 한계를 염두에 두고서, 사실에서 출발하는 역사 공부를 소홀히 하지 않을 것이며, 문학과 예술적 상상력을 고양하는 교육을 할 것입니다.

철학을 중심으로 하는 교육의 장을 펼치는 일은 그리 만만한 일은 아닐 것입니다. 그러나 타인의 욕망을 욕망하는 우리 자신의 의식과 이 세계의 허구적인 면을 폭로하고 실재의 세계를 들추어내는 작업은 빠를수록 좋다는 생각에서 철학 학교를 설립하고자 합니다. 철학적 사유 훈련은 사춘기 아이들부터 시작하는 것이 아동의 발달 단계에 적합합니다. 또한, 우리가 살고 있는 시대적 측면에서 생각해도 '철학적 사유'의 대중화가 무엇보다 필요합니다.

또 다른 대안학교가 필요한가?

지혜로운 삶이 무엇인지를 찬찬히 찾아가 보고자 하는 과정으로서의 대안교육은 많은 대안교육 관련자들이 추구하는 목표이기도 합니다. 실제로 우리 사회에서 대안학교는 학교 설립 자체만으로도 교육적 의미가 있었던 때가 있었습니다. 그리고 대안교육은 자가발전을 하면서 자신의 교육적 이념에 맞는 교육 콘텐츠를 부분적으로 공급할 수 있을 만큼 성장하였습니다. 그러나 현실적으로 대안학교들은 자기 철학에 맞는 교육적 내용을 조직적·체계적·전문적으로 실행할 수 있는 총체적인 교육역량을 축적하고 있지는 못합니다.

철학을 전문적으로 교육하는 대안교육은 이 땅에서, 아니 세계적으로도 쉽지 않은 작업이 될 것입니다. 슈타이너의 사상을 교육적으로 펼치고 있는 발도르프 계통의 학교나 생명존중의 사상을 기반으로 생산적 노동을 통해 교육목표를 달성하고자 하는 풀무농업고등기술학교는 우리에게 좋은 시사점을 줄 것입니다.

한국적 상황에 적합한 영성적 대안학교, 동서고금의 철학을 학습함으로써 자신과 세계 인식에 합리적 접근을 하는 철학적 대안학교, 생태위기 시대에 생태주의철학과 생태윤리를 공부하는 생태 문명적 대안학교, 그것이 우리가 대안학교를 또다시 세우고자 하는 이유입니다.

출발의 자리에서

우리는 이미 영성철학과 생태주의 철학 및 교육학 공부를 해오고 있습니다. 녹색대학교대학원 교육학과 대학원생들과 지혜학교 선생들이 2007년 2월부터 따로 모여 공부를 시작하였고, 그 이전부터 각자의 관심 분야에 따라 철학 공부를 해왔습니다. 대학원생들, 스님, 목사, 교수, 교사, 시민운동가, 농부 등이 모여 인간의 정신적 진화를 꿈꾸고 있습니다. 그 일환으로 우리가 첫 번째로 사회에 내놓는 제안이 철학적 대안학교 설립입니다.

(2008.7.1.)

5. 지혜학교 창립선언문: 지혜학교의 문을 열며

지혜학교 창립위원회

우리는 오늘 이 나라 민주화운동의 기폭제이자 자양분이 되었던 광주민중항쟁의 상징 5·18기념문화회관에서 새로운 문명의 시작을 알리고자 지혜학교의 문을 엽니다.

우리 모두는 알고 있습니다. 인류를 양극으로 몰아가고 있는 신자유주의와 전 지구적인 생태위기 앞에서 '누구 때문인가?'라는, 책임의 소재를 가르는 질문이 아직도 유효하다는 것을! 그러나 또한 우리는 '무엇 때문인가?'라는 성찰적·공동체적 질문으로 이 위기의 원인을 찾는 것도 잊어서는 안 됨을 알고 있습니다. 이는 눈앞에 닥친 위기의 현실과 이의 극복에 있어서뿐 아니라 그 책임에 있어서도 우리 모두 자유로울 수 없기 때문입니다.

이런 문제의식 속에서 지혜학교는 다음의 두 가지를 위해 설립됩니다.

첫째, 반생명적이고 물질 중심적인 현대문명의 모순을 극복하고 생태적이고 영성적인 새로운 미래 문명을 꿈꾸고 만들어 갈 기반을 만들자는 것입니다. 어떤 것을 희구하고 그려 보는 것과 실제로 그것을 일구는 것은 큰 차이가 있습니다. 어른들은 새로운 문명을 상상하고 지향할 수는 있지만, 한계가 있습니다. 지혜학교는 새로운 문명을 학습하고 그것을 자신의 삶으로 실현할 사람을 기르는 교육의 장이 될 것입니다.

둘째, 지혜학교는 교육 그 본연의 모습을 회복하여 아이들의 삶 자체의 고유한 가치를 인정하고자 합니다. 자유와 자율은 교육적 실천의 장에서는 양립할 수 있고 통일될 수 있는 가치입니다. 따라서 지혜학교는 학생들이 스스로 삶을 계획하고 행위하되 책임에도 민감한 존재로 성장할 수 있도록 도울 것입니다. 그렇게 교육받은 사람들이 만들어가는 세상은 자율적이고 자발적인 공동체가 될 것입니다.

지혜학교는 자신과 세계에 대해서 알고(학문), 자신을 살피고 세계와의 연관성에 주목하며(성찰), 그렇게 알고 살핀 것과 현실의 통일(일)을 지향합니다. 우리는 그것을 역사의 진보로 믿습니다. 자유, 민주, 정의라는 가치가 생명, 평화, 공동체라는 가치로 숙성될 수 있는 길을 가는 것, 그것이 지혜학교가 설립되는 이유입니다.

(2009.6.13. 대표집필 김창수)